本間史・李錚強 著

中国語
検定対策
準1級問題集

白水社

音声は以下の URL または QR コードより無料でダウンロードすることができます。

 https://www.hakusuisha.co.jp/news/chuken-pre1/
ユーザー名：chuken11
パスワード：9965

装　丁
岡本デザイン室

ナレーション
李軼倫・李焱

はじめに

　日本中国語検定協会の受験案内によれば準1級の「認定基準」は，「実務に即従事しうる能力の保証（全般的事項のマスター）」となっており，「社会生活に必要な中国語を基本的に習得し，通常の文章の中国語訳・日本語訳，簡単な通訳ができる」と書かれています。この基準からも準1級のレベルは相当高いことがわかります。

　準1級の検定試験を受けようとする皆さんは，すでにかなり長い中国語学習歴をお持ちのはずです。そのような読者を対象に中検準1級の受験対策本を執筆するにあたり，わたしたちは単なる過去問の解説や問題集ではなく，準1級合格レベルに達するには何が必要なのかが理解できる本を作りたいと考え，以下の点に配慮しました。

1. リスニングや筆記の中国語の素材は，できるだけ"可读性强"（読み応えがある）の文章を選びました。過去の試験問題で使われた文章を読むといずれも内容豊かなものであり，出題方針として，文章の内容を非常に重視していることがうかがえます。わたしたちもこの方針を重視し，できるだけ過去の試験問題と同様のスタイルの文章を精選しました。
2. 長文聴解・長文読解あるいは空欄補充・下線部解釈にしても，問題を解く鍵となるのは，結局は語彙力です。本書は第75回（2011年11月）から第107回（2022年11月）まで11年間にわたる過去問を徹底的に分析し，その中に出てきた比較的難解と思われる語彙を集めて「語彙集」を作成しました。受験対策に大いに役立つはずですからぜひ活用してください。
3. 準1級以上の試験問題の特徴として，中文日訳の問題が筆記の2割近くを占めています。比較的長い複文などがよく出題されますので，日本語訳する際には中国語の構造をしっかりと押さえて適切な日本語に訳さなくてはいけません。本書ではこの点に関して詳しく解説しています。
4. 日文中訳・作文については，それぞれ上達の要点をまとめてありますので参考にしてください。

　最後に，読者の皆さんが本書でさらに中国語の力をつけ，準1級合格の栄冠を獲得されることをわたしたちは心より願っています。

　2024年　春　　　　　　　　　　　　　　　　　　　　　　著者

目　次

試験概要

● 中国語検定試験とは

　中国語検定試験は，日本中国語検定協会が実施する，中国語の学習成果を測るための試験です。準4級・4級・3級・2級・準1級・1級の6段階に分かれており，試験は年3回，3月・6月・11月の第4日曜日に行われます。ただし，1級は11月のみ実施されます。

　この本は，準1級試験を対象にしています。

● 準1級の出題内容

認定基準（日本中国語検定協会の受験案内より）

実務に即従事しうる能力の保証（全般的事項のマスター）
社会生活に必要な中国語を基本的に習得し，通常の文章の中国語訳・日本語訳，簡単な通訳ができる。

出題内容（日本中国語検定協会のウェブサイトより）

日常生活及び社会生活全般における，新聞・雑誌・文学作品・実用文のほか，時事用語などを含むやや難度の高い中国語から
（一次）
○長文の聞き取りと内容理解
○長文中の指定文の書き取り（記述式）
○長文読解と長文中の語句に関する理解
○語句の用法，熟語・慣用句を含む語句の解釈
○長文中の指定語句の書き取り及び指定文の日本語訳（記述式）
○比較的長い日本語の中国語訳（記述式）
○与えられた語句を用いたテーマに沿った中国語作文（記述式）
（二次）
○日常会話，簡単な日本語・中国語の逐次通訳及び中国語スピーチ

【一次試験】

　リスニングと筆記に分かれています。試験時間は120分で，リスニング→筆記の順に行なわれます（ただしこの本では筆記を先に取り上げます）。試験はリスニングの②と筆記の④⑤は記述式ですが，ほかは選択式（マークシート方式）となっています。リスニング・筆記ともに合格基準点に達していないと合格することができません。

			配点		合格基準点
リスニング	①	長文聴解	50 点	100 点	75 点
	②	書き取り	50 点		
筆記	①	長文読解	20 点	100 点	75 点
	②	空欄補充	20 点		
	③	下線部解釈	16 点		
	④	長文読解・中文日訳	20 点		
	⑤	日文中訳・作文	24 点		

＊ 合格基準点は，難易度を考慮して調整されることがあります。

【二次試験】

　一次試験合格者に対して，10〜15分の面接試験（原則オンライン）が行なわれます。合格基準点は100点中75点です。

判定項目	内容
コミュニケーション能力	簡単な日常会話
訳す力	口頭での中文日訳と日文中訳
表現する力	指定されたテーマについて1〜2分のスピーチ
総合	発音・イントネーション及び語彙・文法の運用能力の総合的な判定

● 申し込み方法

　インターネットで申し込む場合は，事前の ID 登録と証明写真データの準備が必要です。くわしくは日本中国語検定協会のウェブサイトをご覧ください。

　郵送の場合は，まずお近くの書店や大学生協などで受験案内の冊子を入手します。受験申込書に必要事項を記入し，受験料領収証を添えて投函してください。

　一次試験合格者が二次試験を欠席した場合や不合格となった場合には，次の 2 回の試験のうちいずれか 1 回に限り一次試験が免除され，二次試験から受験することができます。協会から発行される「二次試験受験申込書（一次試験免除申請書）」に必要事項を記入し，受験料支払証明書類を添えて投函してください。

一般財団法人　日本中国語検定協会

〒 103-8468　東京都中央区東日本橋 2-28-5　協和ビル

TEL　03-5846-9751　　FAX　03-5846-9752

http://www.chuken.gr.jp

筆　記

1. 長文読解
2. 空欄補充
3. 下線部解釈
4. 長文読解・中文日訳
5. 日文中訳・作文

1 長文読解

700 字程度の文章を読み，10 の設問に答える総合問題です。文脈の理解を問う 1 問，文法・語彙（副詞・接続詞・呼応表現・決まり文句など）に関する 8 問，2 級レベル以上の語彙の正しいピンインを選ぶ 1 問となります。

【合格へのヒント】

　どんな問題も解き方に決まりはありませんが，限られた時間を効率的に利用するために，本文を読む前に，後半の設問にざっと目を通すとよいでしょう。そうすることで文章の内容がある程度想像でき，長い文章でも特に設問に関わる部分に注意して読むことができます。ただし日頃の学習では，問題をやり終えたらわからない単語を辞書で確認するようにすることが大切です。それが中国語の実力を養う確実な道につながるはずです。

練習問題 I　次の文章を読み，(1)〜(10)の問いの答えとして最も適当なものを，①〜④の中から 1 つ選びなさい。

　　进门请脱鞋。

　　主人　(1)　没有这么说，相反，甚至显得十分客气："不用脱鞋，快请进来吧！"，　(1)　面对着光亮如镜、一尘不染的地面和门边放置的　(2)　拖鞋，你能不脱鞋？

　　梅姐已弯下腰在脱鞋了。她换上了拖鞋，无形之中，为我率先作出了示范。我别无选择，只有脱鞋。

　　梅姐带我来这户人家，是要让我见见那女孩儿的。当然，女孩儿也要见我，包括女孩儿的父母。

　　第一印象是十分重要的。吸取以往的教训，并不算很高的我，除了在衣着上的妆扮之外，在鞋子上更是用尽心思，来之前特意向同事借了双高跟皮鞋。　(3)　，进门请脱鞋，在我跨进这户人家的门槛后，使我又回归

了真实。

女孩儿出来了。梅姐向我介绍说，这就是玲。我起身，玲却只微微颔了一下首，然后不卑不亢地坐在一边。我注意到，玲没有化妆，穿着也随意，但在淡雅之中却透出几分清丽。能交上这样的女孩儿，我无话可说。但事情往往不能　(4)　，从玲的不冷不热中，我估摸着这一次相见，也是最后一次。

我犯不着再装伪君子了。从脱鞋进门起，既已打了"假"，　(5)　就以自己的真实，来维护我剩下的一点尊严。我已没有了刚进门时的(6)腼腆，一如平时的我，谈笑自如，说到高兴处，还手舞足蹈。

出门时，我穿上了那双高跟男皮鞋。玲在背后"例行公事"般送我出来，她瞄了我脚上一眼，然后意味深长地笑了笑。我立即从脖子红到了耳根。　(7)　是夜里，门口路灯昏黄，玲瞄不见。比起在屋里，我高出了许多，但却有一种矮下去的感觉。

没有料到的是，几天后，梅姐突然打电话给我："下班后，你到青少年宫门口，玲在那儿等你。"

见到玲时，玲已与那天晚上　(8)　：脸上略施粉黛，一套好看的衣裙，一双黑色"松糕"鞋，衬得玲婀娜多姿，艳丽照人。

玲那天对我说的话至今令我回味：真实的你我和刻意妆扮的你我是迥然不同的。人有时需要真实，有时也需要刻意妆扮。但若要长相伴，　(9)　亮出自己的真实。也许，人有时要袒露真实，还真需要一点儿勇气。

后来，玲成了我的妻子。

□ (1)　2か所の空欄(1)を埋めるのに適当なものはどれか。

① 由于…所以…　　　　② 虽然…但是…

③ 不但…反而…　　　　④ 无论…还是…

□ (2)　空欄(2)を埋めるのに適当なものはどれか。

① 一堆　　　② 一帮　　　③ 一串　　　④ 一把

□ (3) 空欄(3)を埋めるのに適当なものはどれか。

    ① 因而   ② 从而   ③ 进而   ④ 然而

□ (4) 空欄(4)を埋めるのに適当なものはどれか。

    ① 一厢情愿   ② 一朝一夕   ③ 一语道破   ④ 一知半解

□ (5) 空欄(5)を埋めるのに適当なものはどれか。

    ① 及时   ② 索性   ③ 侥幸   ④ 临时

□ (6) 下線部(6)の正しいピンイン表記はどれか。

    ① miàntiǎn   ② miàndiǎn   ③ miǎndiǎn   ④ miǎntiǎn

□ (7) 空欄(7)を埋めるのに適当なものはどれか。

    ① 好在   ② 好歹   ③ 好赖   ④ 好不

□ (8) 空欄(8)を埋めるのに適当なものはどれか。

    ① 兴高采烈   ② 形单影只   ③ 判若两人   ④ 心灵手巧

□ (9) 空欄(9)を埋めるのに適当なものはどれか。

    ① 不敢   ② 不妨   ③ 不便   ④ 不甘

□ (10) 本文の内容と<u>一致しないもの</u>はどれか。

    ① 作者第一次去他爱人家，穿的是别人的高跟鞋。

    ② 玲在第一次见作者时，有意展现出真实的自己。

    ③ 玲认为在意中人面前，是没有必要乔装打扮的。

    ④ 作者有过由于身材的原因导致相亲失败的经历。

解答

(1) ❷ 虽然…但是…

  ②"虽然"は"但是"と呼応し，「…だけれど，…」という逆接の関係を表していますので，これが正解です。①"由于…所以…"は「…なので…であ

る」、③ "不但…反而…" は「…ばかりか，かえって…」、④ "无论…还是…"
は「…にかかわらず，やはり…」という意味です。

(2) ❶ 一堆

［"一"＋量詞］の用法として，① "一堆" は「ひと山」，② "一帮" は「一群，
一味」，③ "一串" は「ひとつながり」，④ "一把" は「ひとつかみ」という
意味です。

(3) ❹ 然而

接続語の問題です。① "因而" は「従って」，② "从而" は「それによって」，
③ "进而" は「その上で」，④ "然而" は「しかるに」という意味です。
空欄の後ろにある "使我又回归了真实" の "使我…" は「わたしに…させる」
という使役を表す兼語文ですが，「わたしを…の姿に戻してしまった」と直
訳するより，「わたしは…に戻ってしまった」とするほうが日本語として自
然です。

(4) ❶ 一厢情愿

① "一厢情愿 yìxiāng-qíngyuàn" は「独りよがりの思い込み」という意味の
成語で，"谈恋爱一厢情愿是不行的。"（恋愛は片想いではだめだ）のように
用います。空欄の前にある "不能" は「…してはならない」という禁止を表
す用法です。② "一朝一夕 yìzhāo-yìxī" は「一朝一夕」，③ "一语道破 yìyǔ
dàopò" は「ひと言で真実をずばりと言ってのける」，④ "一知半解 yìzhī-
bànjiě" は「生半可な知識」という意味です。

(5) ❷ 索性

① "及时" は「ちょうどよい時機に」，② "索性" は「あっさり」，③ "侥幸"
は「幸いである」，④ "临时" は「一時的な」という意味です。

(6) ❹ miǎntiǎn

"腼腆 miǎntiǎn" は「はにかむ，内気である」という意味の形容詞です。

(7) ❶ 好在

① "好在" は「幸いにも」，② "好歹 hǎodǎi" は「とにもかくにも，よかれ
あしかれ」，③ "好赖 hǎolài" は "好歹" とほぼ同じ意味，④ "好不" は「な
んと…だろう」という意味です。

(8) ❸ 判若两人

① "兴高采烈 xìnggāo-cǎiliè" は「上機嫌である」，② "形单影只 xíngdān-yǐngzhī"は「孤独の身である」，③"判若两人 pànruò-liǎngrén"は「まるで別人のようである」，④"心灵手巧 xīnlíng-shǒuqiǎo"は「頭がよくて手先が器用である」という意味の成語です。

(9) ❷ 不妨

①"不敢"は「…する勇気がない」，②"不妨"は「差し支えない」，③"不便"は「不都合だ」，④"不甘"は「甘んじない」という意味です。

(10) ❸ 玲认为在意中人面前，是没有必要乔装打扮的。
(玲は意中の人の前では変装して姿を変える必要はないと考えている。)

③は後ろから2段落目の内容と合わないので，これを選びます。①は第5段落に"来之前特意向同事借了双高跟皮鞋"とありますし，②は第6段落に"我注意到，玲没有化妆，穿着也随意"とありますし，④は第5段落に"吸取以往的教训，并不算很高的我，除了在衣着上的妆扮之外，在鞋子上更是用尽心思"とありますから，いずれも本文の内容と一致します。

全文日本語訳

お入りの際には，靴をお脱ぎください。

主人はそうは言わず，逆にとても遠慮深げに「靴を脱ぐ必要はありません。どうぞお入りください」という風情であった。しかし，鏡のようにピカピカで，塵一つない床や入り口に置かれたひと山のスリッパを目の前にして，靴を脱がずにいられるだろうか。

梅姉さんはもう腰をかがめて靴を脱ぎ始めた。彼女はスリッパに履き替え，無言のうちに，わたしのために率先して，範を示していた。わたしは選択の余地なく，靴を脱ぐしかなかった。

梅姉さんがわたしをこの家に連れて来たのは，ここの娘に会わせたかったからだ。もちろん，娘もわたしに会いたがっており，娘の両親も同じであった。

第一印象はとても大切である。これまでの教訓に学び，決して背が高いとは言えないわたしは，服装のほかに，靴にいっそう気を遣っていた。来る前にわざわざ同僚から踵の高い靴を借りた。しかし，家に入る際に靴をお脱ぎくださいということなので，この家の敷居を跨いだ後，わたしはまた本当の姿に戻ってしまった。

娘が出てきた。梅姉さんはわたしに，「こちらが玲さんよ」と紹介した。わたしが立つと，玲はちょっと頷き，ごく自然に傍らに座った。わたしは玲が化粧をしておらず，服装も気軽だが，あっさりとした中に幾分かの清楚な美しさがにじみ出ているのに気づいた。このような娘と付き合えたら，わたしは言うことはない。しかし物事はふつう独善的に考えてはならない。玲の平坦さから，わたしは今回の対面は，最後の1回でもあ

ろうと思った。

　わたしはもう君子ぶる必要はなくなった。靴を脱いだ時から，すでに「偽」はやめており，いっそのこと自分の本当の姿でわたしに残されたいささかの尊厳を守ろうではないか。わたしはもう家に入った時の恥ずかしさはなくなっていた。普段どおりのわたしは，自然に談笑し，楽しい場面では，身振り手振りを交えもした。

　家を出る時，わたしはあの踵の高い靴を履いた。玲は後から「型通り」にわたしを見送りに出てきた。彼女はわたしの足元をちらっと見て，意味ありげにちょっと笑った。わたしはたちまち首筋から耳もとまで赤くなってしまった。運よく夜だったので，入り口の灯りはほの暗く，玲には見えなかった。家の中にいる時より，わたしはずっと背が高くなっていたが，逆に背が縮んだような気がした。

　思いがけずも，数日後，梅姉さんが突然わたしに電話をよこし，「仕事が終わったら，青少年宮の入り口に行きなさい。玲がそこであなたを待っているわ」と言った。

　玲に会うと，彼女はもうあの日の夜とは別人のようであった。顔は少し化粧を施し，きれいな服を着ており，黒い厚底の靴を履き，それは玲のたおやかな美しさにマッチしていて，実に艶やかであった。

　玲がその日わたしに話してくれたことを今でも思い出す。「本当のあなたとわたしは，苦心して装ったあなたとわたしとは全然違うわね」。人は本当の姿が必要な時もあれば，着飾る必要がある時もある。しかし長く一緒に暮らそうと思うなら，自分の本当の姿をさらけ出したほうがいい。人は本当の姿をさらけ出すには，実は少しの勇気を必要とするかも知れないのだ。

　後に，玲はわたしの妻となった。

次の文章を読み、(1)〜(10)の問いの答えとして最も適当なものを、①〜④の中から１つ選びなさい。

　　世间许多事情都是经过不断地积累经验才会上升到一定的层次，读书也不例外。对于读书，人们说的最多的话题　(1)　多读、勤读。多读、勤读固然能够学到一些知识，但是读书倘若能够"深"入书中，即使读的书数量不是很多，也能尝到读书的　(2)　，领悟到更多的道理。这就需要克服随意性，多一些理性。

　　随着社会的发展，书籍的数量不断增多，在读书上人们只有进行一番选择，才能找到引起自己阅读兴趣又有阅读价值的书。而不加选择的阅读，至少说明在读书上还不成熟。一位学者把读书的艺术概括为不读的艺术，理由是："书为无限，生命有限；以有限应无限，只能采用此策。"所谓"不读"，实际上就是要有选择地阅读，多读经典著作，少读甚至不读流行作品，更不用说那些粗制滥造的文字　(3)　。从某种意义上说，读书的水平也反映在书籍的选择上，犹如在(4)琳琅满目的货架上，就看谁有眼力能拿到　(5)　的东西。而选择的对象，恰恰也能标明一个人的情趣、欣赏水平乃至人生追求。因此，读什么书会像一　(6)　镜子，将人们的精神境界映照得一清二楚。

　　同是一本书，有的人读后没有留下什么印象，时间久了，脑海中只剩下一片空白；而有的人读后，不仅能记住书中的内容，　(7)　能背诵出精彩的语句，更能谈出自己对这本书的看法。读书的这种差异，就在于读书者是用眼读还是用心去读。孔子说："学而不思则罔，思而不学则殆。"用"心"阅读，正在于读书的同时也伴随着不断的思考。

　　记得杨绛先生曾把读书比作串门。串门总要有进有出，读书也如此。认真地读一本书，就会　(8)　地进入到一种环境之中；情感随着书中情节的变化而起伏，思想沿着作者的思路向前发展。读书不仅应该能够读进去，重要的是能跳出书外，静观默想，分析对比，理清哪些是对的，哪些是错的。这样的阅读会使人从欣赏水平到修养都得到提高。不读"死"书，意为不去读那些毫无生气的书；不死读书，还在于不可尽信书，而要有主

见。理性的阅读会 (9) 人们在知识的台阶上攀得更高。

□ (1) 空欄(1)を埋めるのに適当なものは，次のどれか。

　　① 不在乎　　② 不像样　　③ 不外乎　　④ 不相干

□ (2) 空欄(2)を埋めるのに適当なものは，次のどれか。

　　① 乏味　　② 品味　　③ 滋味　　④ 气味

□ (3) 空欄(3)を埋めるのに適当なものは，次のどれか。

　　① 垃圾　　② 把戏　　③ 尘土　　④ 节目

□ (4) 下線部(4)の正しいピンイン表記は，次のどれか。

　　① língliáng　　② línláng　　③ línlàng　　④ línglíang

□ (5) 空欄(5)を埋めるのに適当なものは，次のどれか。

　　① 不相上下　　② 黑白分明　　③ 两全其美　　④ 货真价实

□ (6) 空欄(6)を埋めるのに適当なものは，次のどれか。

　　① 块　　② 张　　③ 片　　④ 面

□ (7) 空欄(7)を埋めるのに適当でないものは，次のどれか。

　　① 以便　　② 并且　　③ 而且　　④ 甚至

□ (8) 空欄(8)を埋めるのに適当なものは，次のどれか。

　　① 情同手足　　② 情不自禁　　③ 情投意合　　④ 情有可原

□ (9) 空欄(9)を埋めるのに適当なものは，次のどれか。

　　① 引导　　② 引诱　　③ 引渡　　④ 引产

□ (10) 本文の内容と一致するものは，次のどれか。

　　① 读书越多，知识越多，有时间的话，就要多读一些书。

　　② 一位学者把读书的艺术总结为只要阅读流行作品即可。

③ 读书时需要用心思考，做到能够分清对的和不对的。

④ 杨绛先生主张串门时要携带一本书，有利于修身养性。

[解答]

(1) ❸ 不外乎

① "不在乎" は「気にかけない」，② "不像样" は「みっともない」，③ "不外乎" は「…にほかならない」，④ "不相干" は「かかわりを持たない」という意味です。

(2) ❸ 滋味

① "乏味" は「おもしろ味がない」，② "品味" は「品質と風味」，③ "滋味" は「味わい」，④ "气味" は「におい」という意味です。"滋味" は比喩的にも用いられ，"尝到…的滋味" は「…のおもむき（妙味）を味わう」という意味になります。

(3) ❶ 垃圾

① "垃圾" は「ごみ」という意味ですが，転じて "垃圾短信"（スパムメール）のように，「価値のない，よくないもの」という意味に用いられます。② "把戏" は「曲芸」，③ "尘土" は「ほこり」，④ "节目" は「番組」という意味です。

(4) ❷ línláng

"琳琅满目 línláng-mǎnmù" は「すばらしい物がたくさんある」という意味の成語です。

(5) ❹ 货真价实

成語の問題です。④ "货真价实 huòzhēn-jiàshí" はもともと「品質が信用でき，価格も掛け値がなく安い」という意味ですが，転じて「正真正銘である」という意味でも用いられますので，これが正解になります。① "不相上下 bùxiāng-shàngxià" は「優劣がない」，② "黑白分明 hēibái-fēnmíng" は「善悪がはっきりしている」，③ "两全其美 liǎngquán-qíměi" は「双方に配慮し満足させる」という意味です。

(6) **❹** 面

量詞の問題です。①"块"は塊状や片状のものを，②"张"は「張った面を持つもの」を，③"片"は「扁平な形をしているものや，かけらになっているもの」を，④"面"は「平たいもの」を数える時に用います。

(7) **❶** 以便

前にある"不仅"を受けて，後半に接続語②"并且"，③"而且"，④"甚至"のどれを用いても累加関係になりますので，文脈に合っています。①"以便"は「…するために」「…するのに都合がよいように」という目的の実現を目指す時に用いる接続語です。

(8) **❷** 情不自禁

成語の問題です。①"情同手足 qíngtóngshǒuzú"は「間柄が兄弟のように親密である」，②"情不自禁 qíngbùzìjīn"は「思わず」，③"情投意合 qíngtóuyìhé"は「意気投合する」，④"情有可原 qíngyǒukěyuán"は「情状酌量の余地がある」という意味です。

(9) **❶** 引导

①"引导"は「人を導いて…させる」，②"引诱"は「誘惑して…させる」，③"引渡"は「（犯罪人を国家間で）引き渡す）」，④"引产"は「分娩を誘発する」という意味です。

(10) **❸** 读书时需要用心思考，做到能够分清对的和不对的。

（読書の際には心を込めて思考し，正しいものと間違ったものを見分けることができるようにする必要がある。）

③は第3段落にある"不仅能记住书中的内容，并且能背诵出精彩的语句，更能谈出自己对这本书的看法"という内容と合致します。①は第1段落に"读书倘若能够'深'入书中，即使读的书数量不是很多，也能尝到读书的滋味，领悟到更多的道理"とあることから，②は第2段落に"多读经典著作，少读甚至不读流行作品，更不用说那些粗制滥造的文字垃圾"とあることから，④は最後の段落に"杨绛先生曾把读书比作串门"とあることから，それぞれ本文の内容とは一致しません。

全文日本語訳

世の中の多くのことは絶えず経験を積んではじめて一定のレベルに到達できるもので

ある。読書も例外ではない。読書について人々が最も多く語るのは，多読，熟読にほかならない。多読熟読によってもちろん何某かの知識を学ぶことはできるが，読書によって「深く」本の中に入ることができるなら，たとえ読んだ本の数はそれほど多くなくても，読書の趣を味わい，より多くの道理を悟ることができる。それには随意性を克服し，若干の理性を持つ必要がある。

　社会の発展につれて，書籍の数は増え続ける。読書において，人々は選択を行なってこそはじめて自分に読書の興味を起こさせ，読む価値のある本を見つけることができる。そして，選択しない読書は，少なくとも読書については成熟していないと言える。ある学者は読書の芸術を「読まない芸術」と概括している。その理由は，「書は無限であり，生命は有限である。有限をもって無限に対応するには，この策を取るしかない」というものである。いわゆる「読まない」とは，実は選択して読まなくてはならないということである。古典的著作を多く読み，流行作品はほとんど読まないようにする。粗製乱造の文字のゴミの如きものなどはなおさら言うまでもない。ある意味において，読書のレベルは書籍の選択にも反映される。たとえば逸品ぞろいの商品棚から，誰が掛け値なしの品物を選ぶことができる眼力を持っているかを判定するようなものである。しかも，選択の対象は，まさにその人の趣味，鑑賞レベルあるいは人生の目標を表すこともできる。それゆえ，どんな本を読むかは鏡のようなもので，人々の精神世界をはっきりと映し出すのである。

　同じ1冊の本でも，ある人は読後に何の印象も残らず，時が経つと，頭の中には空白しか残らない。しかし，ある人は読後に本の内容を憶えているだけでなく，すばらしい語句を暗唱することさえできるし，その本に対する自分の見方を語ることもできる。読書のこのような違いは，本を読む人が目で読むか，それとも心で読むかにある。孔子は「学びて思わざれば則ち罔し，思うて学ばざれば則ち殆うし」と言っている。「心」で読むということは，本を読むと同時に絶えざる思考も伴うということである。

　楊絳先生は，読書を他人の家におしゃべりをしに行くことになぞらえたことがあったようだ。隣近所の家に行くにはどうしても出たり入ったりしなくてはならない。読書も同じである。1冊の本を真面目に読めば，知らず知らずのうちにある環境の中に入ってしまう。情感は本のストーリー展開とともに起伏し，思考は作者の思考方法に沿って前へと広がっていく。読書は本の中に没頭できるようにするべきであるだけでなく，大切なのは本の外に飛び出し，冷静に観察して黙考し，分析対比して，どれが正しく，どれが間違っているかを見極められることである。このような読書は人を鑑賞のレベルから修養へと向上させるであろう。「本の死んだ読み方をしない」とは，まったく生気のない読み方をしないということである。本の死んだ読み方をしないということは，本をただ信じてはならず，自分の考えを持たねばならないということでもある。理性的な読書は人々を知識の階段において，より高いレベルへと導いてくれるであろう。

| 練習問題 Ⅲ | 次の文章を読み，(1)～(10)の問いの答えとして最も適当なものを，①～④の中から1つ選びなさい。 |

道德是我们做人基本的底线，每个人都应遵守基本的道德原则，__(1)__你给道德强加一个定义或者是强加于他人的身上，那么此时的道德将会是变了味道，让人__(2)__，对那些变了味的道德，我们应让它回归本来的味道。

变了味的道德，应该用规则来约束。景区里，一位大爷插队，引起众人的反感，老人却__(3)__地说道："年轻人不就应该尊重老人吗？"排队是有序的，有规则的，每个人都应遵守这个规则。然而大爷却只因自己的年龄__(4)__无视规则，并用所谓的道德手段为自己申辩，这变了味的道德让人寒心，所以在这变了味的道德面前，我们应该告诉老人规则需要全民共同遵守，不分男女老少。

__(5)__，公交车上对老人不让座，老人大打出手的现象也在浙江金华的一辆公交车上出现了，面对一位不让座的妇女，老人使劲地扯着她的头发，还敲击起她的头。公交车上有规则，不让座也是我们的权利，老人这一行为实际是道德__(6)__，漠视规则。所以我们更应该用一个公平的规则去约束他，让道德有个清白。

变了味的道德应该用平等来约束，一同事让"劳模"为其做事，遭到拒绝，便说你是劳模啊，应该多做点。其实每个人都是生来平等的，我们的社会也在极力追求平等，作为劳模与其他人也是平等的。并不能因为这个称号，被迫承担一些不必要的义务，这其实是对劳模的误解，是对劳动品质的漠视。这位同事的话让我想到了变了味的道德，也可以说是道德__(6)__。

所以我们应该更加大力促进社会公平公正平等，用平等来约束这些变味的道德，让每一个人都拥有平等的生活。

道德，不应该被误解，__(1)__以变了味道的道德待人，无疑会让人们渐渐疏远你，在道德层面，我们不应再以种种"道德品质"约束他人。比如商场的老板对放弃购买手机的用户用"爱国思想"来劝她购买国产手

机，这就是变了味的道德。 (1) 这种思想传播开来，那么从前砸日本车，砸肯德基的"爱国行为"又会出现，这将违背和平共处，让中国人(7)蒙羞。

变了味道的道德危害不止如此，我们应该用更清醒的头脑看待世界。对变味的道德 (8) 要用规则来约束， (8) 要用真心对待。当务之急是如何让变味的道德回归本来的味道。让优良道德品质的传播 (9) 。

□ (1) 　3か所の空欄(1)を埋めるのに<u>適当でないもの</u>はどれか。

　　　　① 假使　　　　② 倘若　　　　③ 即使　　　　④ 倘或

□ (2) 　空欄(2)を埋めるのに適当なものはどれか。

　　　　① 敬而远之　　② 举手之劳　　③ 司空见惯　　④ 见机行事

□ (3) 　空欄(3)を埋めるのに<u>適当でないもの</u>はどれか。

　　　　① 强词夺理　　② 开诚布公　　③ 理直气壮　　④ 振振有词

□ (4) 　空欄(4)を埋めるのに適当なものはどれか。

　　　　① 而　　　　　② 况　　　　　③ 与　　　　　④ 且

□ (5) 　空欄(5)を埋めるのに適当なものはどれか。

　　　　① 无忧无虑　　② 无微不至　　③ 无足轻重　　④ 无独有偶

□ (6) 　2か所の空欄(6)を埋めるのに適当なものはどれか。

　　　　① 风范　　　　② 准则　　　　③ 败坏　　　　④ 绑架

□ (7) 　下線部(7)の正しいピンイン表記はどれか。

　　　　① měngchǒu　② méngxiū　　③ měngxiū　　④ méngchǐ

□ (8) 　2か所の空欄(8)を埋めるのに適当なものはどれか。

　　　　① 与其…不如…　　　　　② 除非…才…

　　　　③ 不仅…也…　　　　　　④ 即使…还是…

□ (9) 空欄(9)を埋めるのに適当なものはどれか。

① 高谈阔论　② 各抒己见　③ 改头换面　④ 蔚然成风

□ (10) 本文の内容と<u>一致しないもの</u>はどれか。

① 遵守基本的道德规范是做人的最起码的条件。

② 在公交车上有的老人认为年轻人必须给让坐。

③ 中国的年轻人排队时，可以默认老年人加塞儿。

④ 买国产手机才爱国，这是一种扭曲的道德观。

解答

(1) ❸ 即使

① "假使 jiǎshǐ"，② "倘若 tǎngruò"，④ "倘或 tǎnghuò" は「もし…なら」という仮定を表す接続詞です。

(2) ❶ 敬而远之

① "敬而远之 jìng'éryuǎnzhī" は「敬遠する」，② "举手之劳 jǔshǒuzhīláo" は「わずかな骨折り」，③ "司空见惯 sīkōng-jiànguàn" は「見慣れてしまうと少しも珍しくない」，④ "见机行事 jiànjī-xíngshì" は「機会を見計らって事を行なう」という意味です。

(3) ❷ 开诚布公

① "强词夺理 qiǎngcí-duólǐ" は「道理に合わないことを強弁する」，③ "理直气壮 lǐzhí-qìzhuàng" は「筋が通っていて堂々としている」，④ "振振有词 zhènzhèn-yǒucí" は「いかにも理由があるかのように臆面もなくまくし立てる」という意味ですので，どれを用いても文脈に合います。② "开诚布公 kāichéng-bùgōng" は「私心を挟まないで誠意を示す」という意味ですから，文脈に合いません。

(4) ❶ 而

接続語の問題です。① "而" は書き言葉として並列の意味を表すことができますが，本文の "因自己的年龄而无视规则" の "而" は「前を受けて一歩進める」の意を表します。② "况 kuàng" は「いわんや」，③ "与" は「…と」，

④ "且" は「その上に」という意味です。

(5) ❹ 无独有偶

① "无忧无虑 wú yōu wú lǜ" は「憂いもなく心配もない」, ② "无微不至 wúwēi-búzhì" は「行き届いている」, ③ "无足轻重 wúzú-qīngzhòng" は「重視するに及ばない」, ④ "无独有偶 wúdú-yǒu'ǒu" は「(悪いことは) 単独ではなく必ず対になっている」という意味です。

(6) ❹ 绑架

① "风范 fēngfàn" は「風格」, ② "准则 zhǔnzé" は「基準」, ③ "败坏 bàihuài" は「損害を与える」, ④ "绑架 bǎngjià" は「拉致」という意味です。

(7) ❷ méngxiū

この "蒙" は "受" の意味ですから, "蒙羞" で「恥をかく」という意味になります。

(8) ❸ 不仅…也…

文の流れから累加関係を表す "不仅…也…" が正解です。① "与其…不如…" は「するよりもむしろ…したほうがよい」という比較関係, ② "除非…才…" は「…しないかぎり…しない」という条件関係, ④ "即使…还是…" は「たとえそうであっても, なお…」という譲歩関係を表す複文です。

(9) ❹ 蔚然成风

① "高谈阔论 gāotán-kuòlùn" は「とりとめもなく大いに弁舌をふるう」, ② "各抒己见 gèshū-jǐjiàn" は「おのおの自分の意見を述べる」, ③ "改头换面 gǎitóu-huànmiàn" は「内容はもとのままにしてうわべだけを変える」, ④ "蔚然成风 wèirán-chéngfēng"「ひとつの気風になる」という意味です。

(10) ❸ 中国的年轻人排队时，可以默认老年人加塞儿。

(中国の若者は列に並ぶ時, 年寄りが列に割り込むことを黙認できる。)

③は第 2 段落の "告诉老人规则需要全民共同遵守，不分男女老少" と一致しません。①は第 1 段落に "道德是我们做人基本的底线" とあることから，②は第 3 段落の "公交车上对老人不让座，老人大打出手的现象也在浙江金华的一辆公交车上出现了" とあることから，④は第 6 段落の "商场的老板对放弃购买手机的用户用'爱国思想'来劝她购买国产手机，这就是变了味的道德" とあることから，いずれも本文の内容と一致します。

全文日本語訳

　道徳は我々の人としての最も基本的な最低ラインであり，一人一人が基本的道徳の原則を守るべきである。もしも道徳に対して一つの定義を決めつけたり，他人にそれを押しつけたりしたら，その時の道徳は趣が変わってしまい，人から敬遠されることになろう。それらの趣の変わってしまった道徳をわたしたちは本来の趣に戻すべきである。

　趣の変わってしまった道徳は，規則によって縛るべきである。観光地で，あるおじいさんが列に割り込み，皆の反感を買った。その年寄りは「若者は年寄りを尊重すべきではないか」ともっともらしくまくしたてた。列に並ぶには順番があり，規則がある。誰も皆この規則を守るべきである。しかし，おじいさんは単に自分の年齢だけを理由にして規則を無視し，いわゆる道徳を手段として用いて自己弁護した。この趣の変わってしまった道徳は人の心を寒からしめた。それゆえ，この趣の変わってしまった道徳に対して，わたしたちは，規則は皆が共に守らなければならず，老若男女を問わないものであることを老人に教えてやるべきである。

　この例だけではない。バスの中で年寄りに対して席を譲らなかったので，年寄りが暴力を振るったという事件が，浙江省金華のバスの中でも起きた。席を譲らない女性に対して，年寄りは彼女の髪を強く引っ張り，彼女の頭を小突いた。バスの車内には規則があり，席を譲らないのもわたしたちの権利である。年寄りのこの行為はまったく「道徳による拉致」，「規則の軽視」である。それゆえ，わたしたちは公平な規則によって彼を制限し，道徳とは何かをはっきりさせるべきである。

　趣の変わってしまった道徳は平等によって規制すべきである。ある同僚は「模範労働者」に仕事を頼み，断られると，「お前は模範労働者だろう。たくさん働くべきだ」と言った。本来，誰も皆もともと平等である。我々の社会も平等を極力求めている。模範労働者であってもほかの人と平等なのだ。この称号のために，不必要な義務を負わされてはならない。これは実は模範労働者に対する誤解であり，労働の品性に対する軽視である。この同僚のことばは，趣の変わってしまった道徳をわたしに思い起こさせた。これも道徳の拉致と言える。

　それゆえ，我々は社会の公平，公正，平等をもっと大いに促進し，平等によってこれらの趣の変わってしまった道徳を制限し，誰もが平等に生活できるようにすべきである。

　道徳は誤解されるべきではない。もし趣の変わってしまった道徳をもって人に対するなら，間違いなく人々は次第にあなたから遠ざかって行くだろう。道徳の面において，我々はもういろいろな「道徳の品性」によって他人を規制すべきではない。たとえばある店の主人が携帯電話の購入をとりやめた客に対して，「愛国思想」によって彼女に国産の携帯電話を買うように勧めた。これはすなわち趣の変わってしまった道徳である。もしこういう考え方が広まれば，以前，日本車を叩き壊したり，ケンタッキーフライド

チキンの店を壊したりした愛国的行為がまた行なわれることになってしまう。これは平和共存に反し，中国人に恥をかかせることになる。

　趣の変わってしまった道徳の害はこれに止まらない。我々はより醒めた頭で世界に対するべきである。趣の変わってしまった道徳に対して規則によって制限しなければならないだけでなく，真心をもって対応しなければならない。焦眉の急を要するのは，趣の変わってしまった道徳をいかにして本来の趣へと戻すかということである。優れた道徳的品性を大いに広めようではないか。

2 空欄補充

類似語の識別問題です。毎回 10 問出題され，文の組み立て方や語句の使い分けの知識を測る問題です。豊富な語彙力と用語法の知識が問われます。

【合格へのヒント】

語句に関する知識だけでなく，高い読解力が求められるため，普段からなるべく多くの中国語に触れて語感を養うことが必要です。

練習問題 Ⅰ	(1)〜(10)の中国語の空欄を埋めるのに最も適当なものを，①〜④の中から 1 つ選びなさい。

□ (1) 姐姐是个（　　　　）俏丽、举止文雅的大学生。

    ① 面膜　　　　② 容貌　　　　③ 神色　　　　④ 神态

□ (2) 大家都好奇地（　　　　）着新来的同学。

    ① 凝思　　　　② 瞻仰　　　　③ 目睹　　　　④ 打量

□ (3) 对方设下这个（　　　　），为的是要让他自投罗网。

    ① 把戏　　　　② 弊端　　　　③ 圈套　　　　④ 地沟

□ (4) 我期末考试没考好，妈妈在我耳边（　　　　）不停。

    ① 呼吁　　　　② 唠叨　　　　③ 咀嚼　　　　④ 呻吟

□ (5) 事情到现在还没有解决，相关领导一直搪塞，（　　　　），避讳。

    ① 推销　　　　② 推广　　　　③ 推倒　　　　④ 推脱

□ (6) 游艇在惊涛骇浪中剧烈（　　　　），乘客饱受惊吓。

    ① 摇晃　　　　② 动荡　　　　③ 颤抖　　　　④ 哆嗦

□ (7) 看到那些天真烂漫的孩子在湖里游玩，我（　　　）想起自己童年时的一些往事。

　　① 不敢当　　　② 不由得　　　③ 不至于　　　④ 不足道

□ (8) 家就是我的（　　　），不管我在外面经历了多大的磨难，一回到家，就觉得温暖和安全。

　　① 避风港　　　② 中转站　　　③ 里程碑　　　④ 集中营

□ (9) 教育孩子不能够（　　　），应该顺其自然，否则结果往往是徒劳无功。

　　① 拔苗助长　　② 得不偿失　　③ 得天独厚　　④ 丢三落四

□ (10) 调查研究要深入细致、（　　　），马马虎虎是不会达到目的的。

　　① 一窍不通　　② 一丝不苟　　③ 一鸣惊人　　④ 一举两得

[解答]

(1) ❷ 姐姐是个**容貌**俏丽、举止文雅的大学生。

　　姉は容貌が美しく，立ち居ふるまいが優雅な大学生である。

　▶① "面膜 miànmó" は「（美容のための）フェイシャルパック」，② "容貌 róngmào" は「容貌」，③ "神色 shénsè" は「表情」，④ "神态 shéntài" は「表情と態度」という意味で，"俏丽 qiàolì" の主語になり得るのは②です。『現代漢語詞典』で"俏丽"を引くと"容貌～"という例が出ており，"文雅"を引くと，"举止～"という例が出ています。すなわち両者とも常用の"搭配关系"（組合せ）なのです。このような語と語の常用の"搭配关系"を多く覚えることはとても大事です。

(2) ❹ 大家都好奇地**打量**着新来的同学。

　　皆は新しく来た生徒を好奇の目でじろじろ見た。

　▶① "凝思 níngsī" は「思いを凝らす」，② "瞻仰 zhānyǎng" は「仰ぎ見る」，③ "目睹 mùdǔ" は「目の当たりにする」，④ "打量 dǎliang" は「（観察する

ように）じろじろ見る」という意味です。目的語が"新来的同学"ですから，動詞としてふさわしいのは④です。

(3) ❸ 对方设下这个**圈套**，为的是要让他自投罗网。
相手がこのわなをしかけたのは，彼に自ら網にかかるようにさせるためである。

▶① "把戏 bǎxì" は「ごまかし，ペテン」，② "弊端 bìduān" は「不正行為」，③ "圈套 quāntào" は「わな，計略」，④ "地沟 dìgōu" は「地下壕」という意味です。"设下圈套" は常用の［動詞＋目的語］構造です。

(4) ❷ 我期末考试没考好，妈妈在我耳边**唠叨**不停。
わたしは期末試験の出来がよくなかったので，母はわたしの耳もとでくどくど言っている。

▶① "呼吁 hūyù" は「呼びかける」，② "唠叨 láodāo" は「くどくど言う」，③ "咀嚼 jǔjué" は「咀嚼する」，④ "呻吟 shēnyín" は「呻吟する」という意味です。文脈から見て，「とめどなくぶつぶつ言う」の意を表す②が正解です。

(5) ❹ 事情到现在还没有解决，相关领导一直搪塞，**推脱**，避讳。
事は今でもまだ解決していない。関係役員はずっと言い逃れをしたり，口実を設けて断ったり，避けたりしている。

▶① "推销 tuīxiāo" は「販路を広げる」，② "推广 tuīguǎng" は「普及する」，③ "推倒 tuīdǎo" は「押し倒す」，④ "推脱 tuītuō" は「事にかこつけて断る」という意味です。文脈から④を選びます。

(6) ❶ 游艇在惊涛骇浪中剧烈**摇晃**，乘客饱受惊吓。
遊覧船は逆巻く大波の中で激しく揺れ，乗客はとても怖い思いをした。

▶① "摇晃 yáohuàng" は「揺れ動く」，② "动荡 dòngdàng" は「揺らめく」，③ "颤抖 chàndǒu" は「ぶるぶる震える」，④ "哆嗦 duōsuō" は「身震いする」という意味です。"游艇" が主語ですから，ふさわしい動詞は①です。

(7) ❷ 看到那些天真烂漫的孩子在湖里游玩，我**不由得**想起自己童年时的一些往事。
天真爛漫な子供たちが湖で泳いで遊んでいるのを見て，わたしは思わず自分の

子供のころのことを思い出した。

▶ ① "不敢当 bùgǎndāng" は「おそれいります」という慣用表現です。② "不由得 bùyóude" は「思わず」，③ "不至于 búzhìyú" は「…するまでには至らない」，④ "不足道 bùzúdào" は「言うに足りない」という意味です。ここは子供たちが遊んでいるのを見て「思わず」とつながる②が正解です。

(8) ❶ 家就是我的**避风港**，不管我在外面经历了多大的磨难，一回到家，就觉得温暖和安全。
家はわたしの避難港であり，わたしは外でどれほど大きな苦難に遭っても，ひとたび家に帰れば，温かさと安心感を覚える。

▶ ① "避风港 bìfēnggǎng" は「避難港」という意味で比喩的に「（厳しい現実からの）逃げ場）」の意を表します。② "中转站 zhōngzhuǎnzhàn" は「乗り換え駅」，③ "里程碑 lǐchéngbēi" は「里程標」，④ "集中营 jízhōngyíng" は「強制収容所」という意味です。文意から見て①が正解です。

(9) ❶ 教育孩子不能够**拔苗助长**，应该顺其自然，否则结果往往是徒劳无功。
子供を教育するに際しては功を焦ってはならず，自然に任せるべきである。さもないと結果は往々にして徒労に終わる。

▶ ① "拔苗助长 bámiáo-zhùzhǎng" は「生長を早めようと思って苗を手で引っ張る」ということから「功を焦って方法を誤る」という意味の成語です。② "得不偿失 débùchángshī" は「得より損のほうが大きい」，③ "得天独厚 détiāndúhòu" は「（環境や素質などにおいて）特によい条件に恵まれている」，④ "丢三落四 diūsān-làsì" は「よく忘れる」という意味です。子供の早い成長を願う親の気持ちを表す①が正解です。

(10) ❷ 调查研究要深入细致、**一丝不苟**，马马虎虎是不会达到目的的。
調査研究は細部にまで深く入る必要があり，少しもゆるがせしてはならない。いいかげんでは目的に到達できない。

▶ ① "一窍不通 yíqiào-bùtōng" は「まったくわからない」，② "一丝不苟 yìsī-bùgǒu" は「少しもゆるがせにしない」，③ "一鸣惊人 yìmíng-jīngrén" は「一度やりだすと人を驚かすようなすばらしい成果を上げる」，④ "一举两得 yìjǔ-liǎngdé" は「一挙両得」という意味です。文脈からここに入る成語は②です。

| 練習問題 Ⅱ | (1)〜(10)の中国語の空欄を埋めるのに最も適当なものを，①〜④の中から1つ選びなさい。 |

□ (1) 历史材料往往互相矛盾，需要认真地进行去伪存真的（　　　）工作。

　　　① 督查　　　　② 检验　　　　③ 鉴别　　　　④ 监督

□ (2) 他虽然不富裕，但支援灾区，从不（　　　）。

　　　① 贪婪　　　　② 吝啬　　　　③ 挑剔　　　　④ 卑鄙

□ (3) 这套房子装修得非常典雅（　　　）。

　　　① 别致　　　　② 得力　　　　③ 开阔　　　　④ 拿手

□ (4) 她在电影院里高谈阔论旁若无人，实在（　　　）。

　　　① 不得了　　② 不要紧　　③ 不经意　　④ 不像话

□ (5) 对于他所说的话，大家都抱着将信将疑的态度，（　　　）随便听听而已。

　　　① 姑且　　　　② 不料　　　　③ 以至　　　　④ 不禁

□ (6) 因为他的身边有太多瞎（　　　）的人，所以他看不到自己的缺点。

　　　① 起哄　　　　② 讥笑　　　　③ 吹捧　　　　④ 怠慢

□ (7) 由于经营不善，他（　　　）将心爱的店铺转让了。

　　　① 不得已　　② 巴不得　　③ 不由得　　④ 恨不得

□ (8) 在制定科研规划的时候，可以考虑经济效益，但不能（　　　），忽视了基础学科的研究。

　　　① 力所能及　　② 迫不及待　　③ 当务之急　　④ 急功近利

□ (9) 她是个勤奋好学，热爱劳动，经常（　　　）的好学生。

　　　① 天伦之乐　② 知足常乐　③ 助人为乐　④ 自得其乐

□ (10) 这幅画已经很完美了，你就不要再（　　）了。

　　　① 虎头蛇尾　　② 画蛇添足　　③ 对牛弹琴　　④ 鸡毛蒜皮

解答

(1) ❸ 历史材料往往互相矛盾，需要认真地进行去伪存真的**鉴别**工作。

歴史的資料は往々にして互いに矛盾するので，真剣に真偽を鑑別する仕事を行なう必要がある。

▶ ① “督查 dūchá" は「監督し査察する」，② “检验 jiǎnyàn" は「検査する」，③ “鉴别 jiànbié" は「鑑別する」，④ “监督 jiāndū" は「監督する」という意味です。真偽を見分けるという時には③を用います。

(2) ❷ 他虽然不富裕，但支援灾区，从不**吝啬**。

彼は裕福ではないが，被災地を支援することに関して，今まで金銭を惜しんだことがない。

▶ ① “贪婪 tānlán" は「貪欲である」，② “吝啬 lìnsè" は「けちである」，③ “挑剔 tiāotì" は「けちをつける，あら捜しをする」，④ “卑鄙 bēibǐ" は「下劣である」という意味です。文脈から見て，「過度に金銭を惜しむ」の意を表す②が正解です。

(3) ❶ 这套房子装修得非常典雅**别致**。

この家は内装がとても優雅かつ独特である。

▶ ① “别致 biézhì" は「ユニークである」，② “得力 délì" は「力強い，頼りになる」，③ “开阔 kāikuò" は「広い」，④ “拿手 náshǒu" は「得意である」という意味です。“装修" の状態についての描写ですから，ふさわしい形容詞は①です。

(4) ❹ 她在电影院里高谈阔论旁若无人，实在**不像话**。

彼女は映画館の中でしゃべりまくり，傍若無人で，本当にひどい。

▶ ① “不得了 bùdéliǎo" は「大変である」，② “不要紧 búyàojǐn" は「差支えない」，③ “不经意 bù jīngyì" は「不注意である，意に留めない」，④ “不像话

búxiànghuà" は「話にならない，まったくひどい」という意味です。文脈から見て④が正解です。

(5) ❶ 对于他所说的话，大家都抱着将信将疑的态度，**姑且**随便听听而已。
　　　彼の話すことに対して，皆は半信半疑の態度で，とりあえずまあ聞いておくだけであった。

　▶①"姑且 gūqiě" は「とりあえず，ひとまず」，②"不料 búliào" は「思いがけず」，③"以至 yǐzhì" は「…の結果を招く」，④"不禁 bùjīn" は「思わず」という意味です。ここは「（しばらく相手に譲って）さしあたって」の意を表す①が正解です。

(6) ❸ 因为他的身边有太多瞎**吹捧**的人，所以他看不到自己的缺点。
　　　彼の周りはやたらとおべっかを使う人ばかりなので，彼は自分の欠点が見えない。

　▶①"起哄 qǐhòng" は「わいわいやじる」，②"讥笑 jīxiào" は「あざ笑う」，③"吹捧 chuīpěng" は「褒めそやす」，④"怠慢 dàimàn" は「なおざりにする」という意味です。前後の文脈から③を選びます。

(7) ❶ 由于经营不善，他**不得已**将心爱的店铺转让了。
　　　経営がうまく行かず，彼はやむなく大事な店を譲渡した。

　▶①"不得已 bùdéyǐ" は「やむを得ない」，②"巴不得 bābude" は「…したくてたまらない」，③"不由得 bùyóude" は「思わず」，④"恨不得 hènbude" は「…できないのが恨めしい」という意味です。ここは「（残念ながら）やむを得ず」の意を表す①が正解です。

(8) ❹ 在制定科研规划的时候，可以考虑经济效益，但不能**急功近利**，忽视了基础学科的研究。
　　　科学研究計画を制定する時には，経済効果を考慮するのもいいが，目先の利益に走り，基礎研究を軽視してはならない。

　▶①"力所能及 lìsuǒnéngjí" は「力の及ぶ限り」，②"迫不及待 pòbùjídài" は「矢も楯もたまらず」，③"当务之急 dāngwùzhījí" は「当面の急務」，④"急功近利 jígōng-jìnlì" は「目前の功利を求めるに急である」という意味です。いずれも成語ですが，前にある"不能"で否定できるのは④の"急功近利"です。

(9) ❸ 她是个勤奋好学，热爱劳动，经常**助人为乐**的好学生。

彼女は勤勉で，よく働き，いつも喜んで人を助けるよい学生である。

▶① "天伦之乐 tiānlúnzhīlè" は「一家団欒の楽しみ」，② "知足常乐 zhīzú cháng lè" は「足るを知れば常に楽しい」，③ "助人为乐 zhùrén wéi lè" は「人を助けることを楽しみとする」，④ "自得其乐 zìdé-qílè" は「自己満足する」という意味です。文脈から見て③が正解です。

(10) ❷ 这幅画已经很完美了，你就不要再**画蛇添足**了。

この絵はすでに完璧だから，あなたはこれ以上蛇足を加えてはならない。

▶① "虎头蛇尾 hǔtóu-shéwěi" は「竜頭蛇尾」，② "画蛇添足 huàshé-tiānzú" は「蛇足を加える」，③ "对牛弹琴 duìniú-tánqín" は「馬の耳に念仏」，④ "鸡毛蒜皮 jīmáo-suànpí" は「取るに足らない事柄」という意味です。文脈から判断してここに入る成語は②です。

3 下線部解釈

俗語・慣用句・成語・新語などの意味と使い方を問う8問に答えます。いろいろな文体や言い回しが出題され，高度な語彙力が問われます。

【合格へのヒント】

中国語の中に見られる"成语""谚语""格言"は，長年にわたって蓄積された中国人の思想・価値観・生活様式などをもっとも簡潔に言い表したものとして，どんなスタイルの文章にも見られます。その言い回しを理解することができるかどうかは，文章表現能力を測る重要な手段の1つです。普段から新聞や小説などに目を通し，自分が知らない「慣用句」などに出会ったら，すぐに慣用句辞典（商務印書館発行の《汉语惯用语词典》がおすすめです）などを引いて，その語句の用法を的確に知ることが大切です。

練習問題 I	(1)〜(8)の中国語の下線部の説明として最も適当なものを，①〜④の中から1つ選びなさい。

☐ (1)　他创作的那个动画片太<u>给力</u>了。

　　① 指很无聊。

　　② 指很奇特。

　　③ 指带劲儿。

　　④ 指没劲儿。

☐ (2)　把<u>剪彩</u>仪式搞得这么隆重，纯粹是摆花架子。

　　① 指在各种活动的开幕式上鸣放礼炮。

　　② 指在各种活动的开幕式上剪断彩带。

　　③ 指在买彩票中奖时，举行仪式，鸣放鞭炮。

　　④ 指在买彩票中奖时，举行仪式，鸣放焰火。

□ (3) 我因为不擅长跟那种人<u>打交道</u>，所以不知说什么好。

   ① 指跟别人讲价钱。

   ② 指跟别人讲道理。

   ③ 指人与人之间的较量。

   ④ 指人与人之间的交际。

□ (4) 弟弟总是搞<u>恶作剧</u>，同学们渐渐疏远了他。

   ① 指开玩笑，让大家开心的行为。

   ② 指捉弄耍笑，使人难堪的行为。

   ③ 指心肠狠毒，令人恶心的行为。

   ④ 指恶意中伤，使人伤心的行为。

□ (5) 在这个小山村的诊所里，只有一个<u>万金油</u>医生。

   ① 比喻什么都能做，但一样也不精通的人。

   ② 比喻什么都做，什么都能做得好的人。

   ③ 比喻诚实可靠的人。

   ④ 比喻信心十足的人。

□ (6) 这一点儿也不好笑，你是在大家面前<u>出洋相</u>。

   ① 指出奇的表情。

   ② 指西洋派的做法。

   ③ 指喜气洋洋的态度。

   ④ 指出丑的言行。

□ (7) 你不要和那些<u>不三不四</u>的人来往。

   ① 指行为不端，不正派。

   ② 指一本正经的人。

   ③ 指一问三不知的人。

   ④ 指四体不勤的人。

□ (8) 他最近一直在相亲，都是高不成，低不就的。

　　　① 指想找个高个子的，绝不迁就矮个子的。

　　　② 指满意的无力得到，不满意的又不肯迁就。

　　　③ 指相貌好的遇不到，相貌差的不肯迁就。

　　　④ 指无论什么条件，都可以去对方家相看。

解答

(1) 他创作的那个动画片太给力了。

　　彼が制作したあの動画はとてもすばらしい。

　　① 指很无聊。　とてもつまらないことを指す。

　　② 指很奇特。　とても不思議であることを指す。

　　❸ **指带劲儿。　興味をそそることを指す。**

　　④ 指没劲儿。　おもしろみがないことを指す。

　▶ "给力 gěilì" はもともと "给以力量"（力を与える）という意味ですが，比較的新しい用法として "带劲儿"（おもしろい，興味をそそる）という意味にもなります。

(2) 把剪彩仪式搞得这么隆重，纯粹是摆花架子。

　　テープカットのセレモニーをこのように盛大にやるのは，明らかに華やかさを見せびらかしているのだ。

　　① 指在各种活动的开幕式上鸣放礼炮。

　　　各種イベントの開幕式で礼砲を放つことを指す。

　　❷ **指在各种活动的开幕式上剪断彩带。**

　　　各種イベントの開幕式でテープを切ることを指す。

　　③ 指在买彩票中奖时，举行仪式，鸣放鞭炮。

　　　宝くじが当たった時，セレモニーを行ない，爆竹を鳴らすことを指す。

　　④ 指在买彩票中奖时，举行仪式，鸣放焰火。

　　　宝くじが当たった時，セレモニーを行ない，花火を上げることを指す。

　▶ "剪彩 jiǎncǎi" は儀式において "彩带"（テープ）を "剪断"（カットする）という意味です。

(3) 我因为不擅长跟那种人<u>打交道</u>，所以不知说什么好。

わたしはああいう人と付き合うのは不得手なので，何を話したらよいかわからない。

① 指跟别人讲价钱。　　他人と値段の交渉をすることを指す。

② 指跟别人讲道理。　　他人と道理について話すことを指す。

③ 指人与人之间的较量。　人と人の間の競争を指す。

❹ 指人与人之间的交际。　人と人との付き合いを指す。

▶ "打交道 dǎ jiāodao" は「付き合う」という意味です。

(4) 弟弟总是搞<u>恶作剧</u>，同学们渐渐疏远了他。

弟はいつもいたずらをするので，友達は次第に彼を遠ざけるようになった。

① 指开玩笑，让大家开心的行为。
冗談を言って，皆を愉快にさせる行為を指す。

❷ 指捉弄耍笑，使人难堪的行为。
人をからかって，耐え難くさせる行為を指す。

③ 指心肠狠毒，令人恶心的行为。
心根が悪辣で，吐き気をももよおさせる行為を指す。

④ 指恶意中伤，使人伤心的行为。
悪意のある中傷により，人を傷つける行為を指す。

▶ "恶作剧 èzuòjù" は「人をからかう，いたずら（をする）」という意味です。

(5) 在这个小山村的诊所里，只有一个<u>万金油</u>医生。

この小さな山村の診療所には一通りは何でもこなす医者がいる。

❶ 比喻什么都能做，但一样也不精通的人。
何でもできるが，一つも精通しているわけではない人をたとえる。

② 比喻什么都做，什么都能做得好的人。
何をやっても，うまくできる人をたとえる。

③ 比喻诚实可靠的人。
誠実で信用できる人をたとえる。

④ 比喻信心十足的人。
自信満々な人をたとえる。

▶ "万金油 wànjīnyóu" はもともと万能薬の軟膏の商品名でしたが，転じて「（一応は何でもこなす）何でも屋」の意で使われる語です。

(6) 这一点儿也不好笑，你是在大家面前<u>出洋相</u>。

これは少しも面白くないよ。君は皆の前で恥をかいてしまったよ。

① 指出奇的表情。　　　珍しい表情を指す。

② 指西洋派的做法。　　西洋的なやり方を指す。

③ 指喜气洋洋的态度。　喜びにあふれた態度を指す。

❹ 指出丑的言行。　　　失態を演じる言行を指す。

▶ "出洋相 chū yángxiàng" は「醜態を演じる，恥をかく」という意味です。

(7) 你不要和那<u>些不三不四</u>的人来往。

君はあのろくでもない奴らと付き合ってはいけない。

❶ 指行为不端，不正派。

　行いがまっとうでなく，まともでないことを指す。

② 指一本正经的人。　　生真面目な人を指す。

③ 指一问三不知的人。　何を聞かれても知らぬ顔をする人を指す。

④ 指四体不勤的人。　　怠けて仕事をしない人を指す。

▶ "不三不四 bùsān-búsì" は "不正派" と同義で，「まっとうでない」という意味です。

(8) 他最近一直在相亲，都是<u>高不成，低不就</u>的。

彼は最近ずっとお見合いをしているが，理想の人はみな手が届かず，理想でない人はみな気に入らない。

① 指想找个高个子的，绝不迁就矮个子的。

　背の高い人を見つけたいと思い，決して背の低い人で妥協しないことを指す。

❷ 指满意的无力得到，不满意的又不肯迁就。

　気に入ったものは得ることができず，気に入らないものには妥協しないことを指す。

③ 指相貌好的遇不到，相貌差的不肯迁就。

　容貌がいい人には出会えず，容貌が劣る人には妥協しないことを指す。

④ 指无论什么条件，都可以去对方家相看。

　どんな条件であろうとも，相手の家に会いに行くことを指す。

▶ "高不成，低不就 gāo bù chéng, dī bú jiù" は「(結婚相手や職場の選択などで) 理想にかなうものは手が届かず，理想にかなわないものは気に入らない」という意味です。

(1)～(8)の中国語の下線部の説明として最も適当なものを，①～
④の中から１つ選びなさい。

☐ (1) 现在即使在农村，你手里拿个<u>山寨</u>手机也很没面子。

① 指过时的。

② 指仿造的。

③ 指进口的。

④ 指大型的。

☐ (2) 本届世界乒乓球锦标赛大<u>爆冷门</u>，一名新手淘汰了上届世界冠军。

① 指出现令人失望的结果。

② 指出现意料不到的结果。

③ 指频频发现的犯规动作。

④ 指屡次发现的贿赂行为。

☐ (3) 你们这些家伙干起活儿来总是<u>磨洋工</u>。

① 指一工作起来就精神抖擞。

② 指找到工作就洋洋得意。

③ 指不辞劳苦，踏踏实实地工作。

④ 指故意拖延时间，不干或少干活。

☐ (4) 他无论在什么场合都爱<u>吹牛皮</u>。

① 指聊天儿，解闷儿。

② 指吹捧奉承领导。

③ 指吹奏古代管乐器。

④ 指夸口，说大话。

☐ (5) 他一进屋就<u>开门见山</u>地说明了来意。

① 比喻直截了当谈本题，不拐弯抹角。

② 比喻举止洒脱，语言幽默，有魅力。

③ 比喻说话态度和蔼，热情好客。

④ 比喻说话时前思后想，吞吞吐吐。

□ (6) 这篇报道写得<u>牛头不对马嘴</u>，实在让人费解。

　　① 比喻只谈外表，不涉及实质。

　　② 比喻缺乏文采，不够高雅。

　　③ 比喻答非所问或对不上号。

　　④ 比喻对不懂事理的人讲道理。

□ (7) <u>真金不怕火炼</u>，患难考验友情。

　　① 比喻胆子太大，想要干什么就干什么。

　　② 比喻面临危险的时候，心情不慌乱。

　　③ 比喻人的眼光锐利，能够识别真伪。

　　④ 比喻坚强或正直的人经得起任何考验。

□ (8) 你作为一名记者，对这种问题怎么能<u>睁只眼，闭只眼</u>呢？

　　① 比喻做事非常死板，不懂得灵活掌握。

　　② 比喻看见装作没看见，有意不闻不问。

　　③ 比喻一贯聪明的人，也有糊涂的时候。

　　④ 比喻说话、做事慢慢腾腾，令人着急。

解答

(1) 现在即使在农村，你手里拿个<u>山寨</u>手机也很没面子。
　　今は農村でも，にせブランドのスマートフォンを持っているとメンツがつぶれる。

　　① 指过时的。　時代遅れのものを指す。

　❷ 指仿造的。　模造品を指す。

　　③ 指进口的。　輸入品を指す。

　　④ 指大型的。　大型のものを指す。

▶ "山寨 shānzhài" はもともと「山中の砦」を指す語ですが，「模造の」あるいは「にせブランドの」という意味も表します。

(2) 本届世界乒乓球锦标赛大爆冷门，一名新手淘汰了上届世界冠军。
今回の世界卓球選手権大会は大番狂わせで，一人の新人が前回の世界チャンピオ
ンを破った。

　① 指出现令人失望的结果。
　　人を失望させる結果が出ることを指す。

　❷ 指出现意料不到的结果。
　　予想しなかった結果が出ることを指す。

　③ 指频频发现的犯规动作。
　　規則に違反する動きが頻繁に見つかることを指す。

　④ 指屡次发现的贿赂行为。
　　賄賂行為がたびたび見つかることを指す。

▶ "爆冷门 bào lěngmén" は「(試合などで) 番狂わせが起こる」という意味です。
"爆冷" とも言います。

(3) 你们这些家伙干起活儿来总是磨洋工。
おまえたちは仕事を始めるといつもだらだらしているな。

　① 指一工作起来就精神抖擞。
　　ひとたび働き始めると元気いっぱいになることを指す。

　② 指找到工作就洋洋得意。
　　仕事を見つけて得意になることを指す。

　③ 指不辞劳苦，踏踏实实地工作。
　　苦労を辞せず，着実に働くことを指す。

　❹ 指故意拖延时间，不干或少干活。
　　わざと時間を引き延ばし，仕事をしなかったり，少ししかしなかったりするこ
　　とを指す。

▶ "磨洋工 mó yánggōng" は解放前に外国資本の工場で働く労働者が搾取に抵
抗してサボタージュしたことから「だらだら仕事をする」という意味を表し
ます。

(4) 他无论在什么场合都爱吹牛皮。
彼はどんな場合でも大きな口をたたきたがる。

　① 指聊天儿，解闷儿。　おしゃべりをして，憂さ晴らしをすることを指す。

　② 指吹捧奉承领导。　ごまをすって上司におべっかを使うことを指す。

　③ 指吹奏古代管乐器。　古代の管楽器を吹奏することを指す。

❹ 指夸口，说大话。 ほらを吹き，大きなことを言うことを指す。

▶ "吹牛皮 chuī niúpí" は「ほらを吹く」という意味です。"吹牛" とも言います。

(5) 他一进屋就开门见山地说明了来意。
 彼は部屋に入るなり単刀直入に来意を告げた。

❶ 比喻直截了当谈本题，不拐弯抹角。
 単刀直入に本題に入り，回りくどい言い方をしないことをたとえる。

② 比喻举止洒脱，语言幽默，有魅力。
 振る舞いが洒脱で，話にユーモアがあり，魅力的であることをたとえる。

③ 比喻说话态度和蔼，热情好客。
 話し方や態度がやさしく，温かく客好きであることをたとえる。

④ 比喻说话时前思后想，吞吞吐吐。
 話す時にあれこれ考え，口ごもることをたとえる。

▶ "开门见山 kāimén-jiànshān" は「門を開くといきなり山が見える」ということから，「ずばり本題に入る」あるいは「単刀直入に言う」という意味になります。

(6) 这篇报道写得牛头不对马嘴，实在让人费解。
 この記事は書き方がつじつまが合っておらず，じつに難解だ。

① 比喻只谈外表，不涉及实质。
 表面だけ語り，本質には論及しないことをたとえる。

② 比喻缺乏文采，不够高雅。
 文才に欠け，あまり格調が高くないことをたとえる。

❸ 比喻答非所问或对不上号。
 聞いたことの答えになっていなかったり，問答が噛み合わないことをたとえる。

④ 比喻对不懂事理的人讲道理。
 ものの道理をわきまえない人に対して道理を説明することをたとえる。

▶ "牛头不对马嘴 niú tóu bú duì mǎ zuǐ" は「(言うことが) ちぐはぐである，つじつまが合わない」という意味です。"驴唇 lǘchún 不对马嘴" とも言います。

(7) 真金不怕火炼，患难考验友情。
 純金は火に耐えられる，艱難は友情を試す。

① 比喻胆子太大，想要干什么就干什么。

肝がとても太くて，やりたいことは何でもすることをたとえる。

② 比喻面临危险的时候，心情不慌乱。
危険に直面した時に心が乱れないことをたとえる。

③ 比喻人的眼光锐利，能够识别真伪。
人の眼光が鋭く，真偽を識別することができることをたとえる。

❹ **比喻坚强或正直的人经得起任何考验。**
意志が強かったり性格がまっすぐだったりする人はどんな試練にも耐えられることをたとえる。

▶ "真金不怕火炼 zhēn jīn bú pà huǒ liàn" は「純金は火にも溶けない」ということから，「意志の強い人は試練に耐えることができる」という意味を表すことわざです。

(8) 你作为一名记者，对这种问题怎么能睁只眼，闭只眼呢?
あなたは一人の記者として，こういう問題に対してどうして見て見ぬふりをすることができるのですか。

① 比喻做事非常死板，不懂得灵活掌握。
事をするにあたり一本調子で，融通をきかせて把握することを知らないことをたとえる。

❷ **比喻看见装作没看见，有意不闻不问。**
見たのに見なかったふりをし，意識的に不問に付すことをたとえる。

③ 比喻一贯聪明的人，也有糊涂的时候。
ずっと聡明である人も間が抜ける時があることをたとえる。

④ 比喻说话、做事慢慢腾腾，令人着急。
話をしたり事をしたりするにあたり，のろのろして，人をいらいらさせることをたとえる。

▶ "睁只眼，闭只眼 zhēng zhī yǎn, bì zhī yǎn" は「見て見ぬふりをする」という意味です。

$\boxed{4}$ 長文読解・中文日訳

　400字程度の文章を読み，2か所を日本語に訳し，2つの語句をピンインから漢字に改めます。中国語の文を正確な日本語に翻訳する能力が問われます。

【合格へのヒント】

　一般的な中国語の小説・新聞記事・エッセイの抜粋を自然な日本語に翻訳することができるかどうかは，的確な日本語運用能力の有無にかかっています。複文を含む文法知識はもちろんですが，慣用的な言い方から新語まで語彙力は相当なレベルであることが求められるため，$\boxed{3}$下線部解釈問題と併せて"成语""谚语""格言"に関する辞典類を常に引いて，その語義や用法を覚えるようにすることが肝要です。

練習問題Ⅰ	次の文章を読み，ピンイン表記の(a)・(b)を漢字（簡体字）に改め，下線部(1)・(2)を日本語に訳しなさい。

　大抵这两种顾客，在咖啡店是不讨喜的。

　一种是，(1)一个人来，点一杯咖啡，却占着一条几人用的长桌。让你匀座，也不见得就有陌生人愿意在对面坐下来。另一种是，坐下来便不打算起身的，漫长一个下午，没有一点买单离席的意思。催你快走，不是待客之道，任你久坐，又不见你再添什么新消费。

　如果，两者兼而有之，怕是要避之不及了：欢迎你来，不欢迎你再来！

　我偏是两者兼而有之的那一类。(2)一个人的窄小加上一条长桌的空旷，一杯咖啡的简易加上一个下午的悠长，没少招揽异样的眼光。吧台的几位姑娘，不时低声说笑，会不会有一声是在笑自己呢？且不去理会，城

市里，有个地方，可以静坐打字，已经不好找了。

　去得多了，服务员也渐渐脸熟。虽不热情相迎，倒也不另眼相看。大概是觉得，这样的顾客，大涨营业额是不指望了，可又不好(a)bìmén xièkè，来就来吧。

　雨天的下午，早早来到这家咖啡店赶稿。日色阴沉，一团(b)hūn'àn。端来咖啡的姑娘，没有寒暄一句"慢用"，轻手轻脚，有些生怕打搅的意思。背影离开不久，顶灯突然亮了一片。眼前豁然一亮，心头也猛然一暖。

　没有想到，我这个"不讨喜"的顾客，竟然也被如此关照。原来，有些偏见，往往是杞人之忧，有些是非，也可能是想入非非。

　其实，人的心门很轻，爱和善意，一推就开了。

解答

(a) 闭门谢客 　▶〈成語〉門を閉ざして訪問客を謝絶する。

(b) 昏暗 　▶暗い。"昏昏暗暗"のように重ね型を作ることもできる。

全文日本語訳

　大体次のような2種類の客は，喫茶店では好まれないものである。

　1種類は，(1)一人で来て，1杯のコーヒーを注文しただけで，数人用の長いテーブルを占有する。同席してもらおうとしても，見知らぬ人は向かい側に座りたがらないようだ。もう1種類は，座ってしまうと立とうとせず，長々と午後中ずっといて，勘定をして席を立とうとする気配がまったくない。早く出るよう促すのは，接客の道ではないし，長く座るのに任せても何か新しい注文をする様子もない。

　もしもこの2種類とも兼ねているなら，もう遅く手の施しようもなくなってしまい，「いらっしゃいませ。でも，もう二度と来ないでください」と言うしかないだろう。

　わたしはあいにく両者を兼ねるといった類である。(2)一人分の狭さプラス長いテーブルの空き空間，1杯のコーヒーの簡素さプラス午後中の時間の長さは，異様なまなざしを招かないはずはない。カウンターの何人かの女の子が時折小さな声でしゃべったり笑ったりしているのは，わたしのことを笑っているのではないだろうか。まあ気にしないでおこう。街で静かに座って物を書ける場所はもう探し難くなってしまった。

何度も行けば，店員も次第に顔見知りになる。心から歓迎するわけではないが，改めて見直すわけでもない。たぶんこういう客は営業益を大いに伸ばす期待はできないが，入店お断りを願うわけにもいかないので，来るなら来いと思っているのだろう。

　雨の日の午後，早々とこの喫茶店に来て原稿に追われていた。どんよりとした日で，薄暗かった。コーヒーを運んで来た女の子は，「ごゆっくりどうぞ」という挨拶のことばもなく，静かな動作で，じゃまになるのを心配している様子であった。その後ろ姿が離れてからすぐに天井の明りが突然あたりを照らした。目の前がぱっと明るくなり，気持ちも急に温かくなった。

　わたしというこの「好まれざる」客は，何とかくも気を遣ってもらっているとは思わなかった。一部の偏見は，往々にして杞憂であり，一部のもめごとは，妄想かも知れないのある。

　実は，人の心のドアはとても軽く，愛と善意が一たびそれを押せば，すぐに開くのである。

【解説】

(1) **匀座** yúnzuò：動詞としての "匀" には「一部分を分ける，融通する」という意味がありますので，"匀座" は「席を分け与える」ということです。

　不见得：「…とは限らない，…とは思えない」という意味です。

(2) **空旷** kōngkuàng：「広々としている」という意味の形容詞ですが，ここでは名詞的に使われています。

　招揽 zhāolǎn：「招き寄せる」という意味の動詞で，"招揽…眼光" で「…の眼差しを招く」という意味になります。

次の文章を読み，ピンイン表記の(a)・(b)を漢字（簡体字）に改め，下線部(1)・(2)を日本語に訳しなさい。

周末清理衣橱，准备过冬前来一番"断舍离"。

我有些吃惊，衣橱里的衣服竟然多得出乎意料。我本属于大大咧咧的男人，对穿着不太在意，在我近些年的想法里，最简单的往往是最时髦的，这似乎有些(a)dàchè-dàwù。当然，年轻的时候，自己肯定不会这么想，看这一橱衣服就知道。

近些年，我基本是一袭素衣：深色外套，白色衬衣。这样的穿着稳重大气、落落大方。我已慢慢习惯。现在一看这些曾经的衣服，难免(b)nàmènr：居然有紫红色的 T 恤，有花里胡哨的衬衣，甚至有五花八门的内衣……(1)这真的曾经是自己喜欢的？年轻的时候咋会喜欢这样花里胡哨？是不是骨子深处，一直有一种张扬和叛逆？

现在不得不把旧衣服扔掉，我竟有一种"断舍离"的悲壮。每一件衣服的背后，都浓缩了一段光阴，或多或少有些故事。

(2)一瞬间醍醐灌顶。我将扔掉的，是一直以来没有被自己察觉的思维定式，是一种理念的清理和重塑。没有舍，哪有得？没有破，哪有立？于是一狠心，清理出了两大箱衣物。

曾经那么贴身的东西，竟然被我狠狠地抛弃。我不忍回想，害怕会泪目。对这些东西，自己也曾经有过无比的热爱，但它们，确实已不适合"四十不惑"的自己。

解答

(a) 大彻大悟　　▶"彻悟"ははっきり悟る。"大彻大悟"は（仏教で，真理を）完全に会得する。

(b) 纳闷儿　　　▶合点がいかない。腑に落ちない。わけがわからない。

週末にタンスを整理して，冬を越す前に「断捨離」をしようと思った。

わたしは中の服が予想以上に多かったことに少し驚いてしまった。わたしはもともと無頓着な男で，着るものについてはあまり気にしない。この数年，「最も簡単なものが往々にして最も流行のものだ」とわたしは考えている。これはいささか深く悟ったかのようだ。もちろん，若いころは，自分は確かにそうは思っていなかったことは，このタンスの服を見ればすぐにわかる。

この数年，わたしは深い色のコート，白いシャツといった，基本的に地味な服装である。このような身なりは落ち着いてあか抜けており，おっとりとして品がある。わたしはもう徐々に慣れている。いまこれらのむかし着た服を見ると，合点がいかない気持ちになる。なんと濃い赤色のＴシャツがあり，けばけばしい色のシャツやさまざまな下着などさえある。(1)これは本当にむかし自分が好きだったものなのだろうか。若いころはどうしてこのようなけばけばしい物を好んだのだろう。骨の髄のところでは，ずっとひけらかしと反逆の気持ちがあったのだろうか。

いま古い服を捨てざるを得なくなり，わたしは「断捨離」の悲壮さを味わっている。どの服の背後にも，その時代の暮らしが濃縮されており，多かれ少なかれ物語があるのだ。

(2)一瞬にして悟りが開かれた。わたしが捨てようとしているのは，ずっとこれまで自分では気がつかなかった思考様式であり，それはまた理念の整理と再構築なのである。捨てなければ，得ることなどできない。壊さなければ，建設などできない。そこで心を鬼にして，ダンボール２箱の服を整理した。

むかしのあんなに体にぴったりしたものを，わたしは意を決して捨ててしまった。わたしは回想するに忍びず，涙を流してしまうのではないかと心配だ。これらのものに対して，自分はかつてこの上なく愛したことがあるが，それらは確かに「四十にして惑わず」の自分にはもう似合わないのだ。

【解説】

(1) **花里胡哨** huālihúshao：「色のけばけばしい」という意味です。

　　张扬 zhāngyáng：もともとは「言いふらす」という意味です。

(2) **醍醐灌顶** tíhú-guàndǐng："醍醐"は「乳酪から精製した最上の飲み物」という意味で，仏教では「最高の仏法」という意味で使われます。"醍醐灌顶"は「醍醐を人の頂に注ぐ」ということから，「知恵をつぎ込んで悟らせる」という意味になります。

次の文章を読み，ピンイン表記の(a)・(b)を漢字（簡体字）に改め，下線部(1)・(2)を日本語に訳しなさい。

　　中国人喜欢看热闹由来已久。物质生活贫困的时候，看看热闹，或许是一种调剂，可以暂时忘掉饥肠辘辘。过不了嘴瘾，退而求其次过个眼瘾，也是可以理解的。但，生活丰裕以后，吃不愁穿不愁了，似乎还热衷于看热闹，这说明，好多人在精神世界里，始终是个穷人。

　　(1)尤其是在公共场合，哪怕只是个小纠纷，也会里三层外三层围满了人，还一副看热闹不嫌事大的样子。有些人围观不是为了解劝，而是要看看当事的双方如何斗。

　　看热闹的本质是看别人的笑话，这恐怕是中国人最大的陋习之一。人类在这个层面上，绝无高尚可言，有的只是人性的(a)wěisuǒ 和冷漠。

　　市井的热闹爱看，宫廷的热闹更爱看。有一个人的亲戚给皇帝当御厨，他从这位御厨亲戚那里听到过皇宫内的一些内幕，于是，逢人便讲皇帝大臣以及妃子们的掌故，那种亲切，仿佛皇宫发生的事情就是他家的事情似的。自然，听故事的人，都仰望着他，觉得他有一门朝廷亲戚，厉害得很。

　　(2)窥见了大人物的隐私和秘密，仿佛自己就是大人物。中国人历来尊崇个人身后的背景，你有钱有权不说，还得有人，有后台。如果有一个这样的大人物用来吹嘘，就会胜出别人许多。

　　只要能比别人强，就是(b)róngyào ——这便是我们的生活哲学。我们沉陷在热闹中，也在这样的热闹中毁掉了自己。

解答

(a) 猥琐　　▶（容貌や挙動が）卑しい，下品である。

(b) 荣耀　　▶光栄。誉れ。

中国人に野次馬根性があるのはむかしからである。物質生活が貧困であった時は，ちょっと騒ぎを見物するのは，一種の気分転換であり，すきっ腹がグーグー鳴るのをしばらくは忘れることができたのかも知れない。口を満足させることができないので，一歩譲って次に目の満足を求めることも理解できる。しかし，生活が豊かになった後，衣食を心配しなくなっても，まだ騒ぎを見物することに熱心なようである。これは多くの人が精神世界において，終始貧乏人であることを物語っている。

(1)特に公共の場所において，たとえ小さなもめごとであっても，十重二十重と人が取り囲み，野次馬根性で事が大きくなるのを厭わないようである。一部の人たちが取り囲んで見ているのはなだめるためではなく，双方の当事者がいかに闘うかを見てみたいのだ。

野次馬の本質は他人をあざわらうことであり，これはたぶん中国人の最大の悪習の一つであろう。人間のこの側面において，高尚な評価は決してない。あるのは人間性の卑しさと冷淡さである。

市井のもめごとを見たがり，宮廷のもめごととならなおさら見たがるのだ。ある人の親戚が皇帝の料理人になった。彼はこの宮廷料理人である親戚から皇宮内の内幕を聞いた。そこで，人に会うたびに皇帝や大臣および妃たちのエピソードを話した。その詳しさは，皇宮で起きたことは彼の家で起きたことのようであった。もちろん，物語を聞いた人はみな彼を尊敬し，彼は朝廷に親戚がいて，すごいと思った。

(2)大物のプライバシーや秘密を垣間見ると，あたかも自分も大物になってしまったように思う。中国人はむかしからその人の背景を重んじる。金があり，権力があることは言うに及ばず，人がいて，後ろ盾がいなくてはならない。このような大物がいると吹聴すれば，他人より大いに勝るはずである。

他人より勝ることができさえすれば，光栄なのだ。これがわたしたちの生活哲学である。わたしたちが騒ぎの中に落ち込むことは，その騒ぎの中で自分を損なっているのでもある。

【解説】

(1) **里三层外三层** lǐ sān céng wài sān céng：大勢の人が詰めかけている様子を形容する語で，「十重二十重に人垣ができる」という意味です。

看热闹 kàn rènao：「騒ぎを傍観する，高みの見物をする」という意味です。

(2) **窥见** kuījiàn：「うかがい見る，垣間見る」という意味です。

后台 hòutái：もともとは「楽屋」の意ですが，比喩的に「後ろ盾，黒幕」の意で使われます。

次の文章を読み，ピンイン表記の(a)・(b)を漢字（簡体字）に改め，下線部(1)・(2)を日本語に訳しなさい。

　　大俗之人是痛快的。酒肉穿肠，美人在抱，得势时便顺势作为，有钱时便(a)huījīn-rútǔ，工作时也认真，搞关系时也用心，有名就要名，有利就沾利，日日笙歌，夜夜佳肴。

　　大雅之人是自足的，超然物外，凌驾众上。(1)身在人世间，心在五行外，他们始终站在云端，俯视着芸芸众生，满怀怜悯，气度恢宏。吃喝玩乐并不能给他们带来快乐，粗茶淡饭也不会让他们忧虑。有时学有所成，他们便快乐自足；有时思有所得，他们便(b)huānxīn-quèyuè。城市易主，他们可能无动于衷。身外之物于他们都是符号而已，而他们自己任何时候都是气定神闲，心满意足的。

　　雅俗兼顾的人是痛苦的。他们既不能忘却名利，又不能鄙视名利，一边追求物质享受，一边还要讲求精神依托。(2)身居庙堂，却要附庸风雅，做着生意，却要洁身自好。无疑，他们是一群为追求两全其美而焦虑不安的人。

　　人活一世，草木一春，快乐地度过一生是每个人的愿望。事实上，快乐终生也并非不可企及，只要你甘于做一个大俗之人，或者欣于做一个大雅之人。

解答

（a）挥金如土　　▶〈成語〉金銭を湯水のように使うこと。
（b）欢欣雀跃　　▶〈成語〉喜んで小躍りする。

全文日本語訳

　　大いなる俗な人は痛快であり，思いっきり飲み食いし，美人を抱き，権力を得た時にはそれに任せてやりたい放題であり，金がある時には湯水のごとく使う。仕事も真面目だし，人間関係にも気を遣い，名があればそれを求め，利があればそれを求め，日々謳

歌し，夜ごとに御馳走を食べている。

　大いなる雅の人は自足を知っており，浮世離れしていて，衆を凌駕している。(1)身はこの世にありながら，心は五行の外にある。彼らは終始雲の中にいて，多くの凡人を俯瞰しており，いっぱいの憐憫の情を抱き，度量が大きい。飲み食いや遊興はべつに彼らに快楽をもたらさず，粗末な食事も彼らを憂慮させることはない。学が成った時には，彼らは快楽自足し，思うところが叶えば，彼らは欣喜雀躍する。都市の主権者が代わっても，彼らはまったく無関心かも知れない。体以外の物は彼らにとってはすべて記号にすぎない。そして彼ら自身はどんな時でも悠然としており，心から満足しているのだ。

　雅俗ともに考慮する人はつらいものだ。彼らは名利を忘れることも軽視することもできず，一方では物質的な享受を追い求め，一方では精神的な拠りどころも重視しなくてはならない。(2)身は廟堂にありながら，風雅に追従しなくてはならず，商売をしながら，身を清く保ち，世俗に染まってはならない。彼らは両方とも全きことを追求するために，焦燥不安に駆られる人たちであるに違いない。

　人は一度しか生きられず，草木は一春しか生えない。楽しく一生を過ごすことは誰しもの願いである。実際には，楽しく一生を終わることは決して達成不可能なことではない。大俗の人になることに甘んじるか，あるいはよろこんで大雅の人になりさえすればいいのだ。

【解説】

(1) **五行** wǔxíng：金，木，水，火，土の5つの物質を指します。中国の古代ではこの5つの物質が万物の根源をなすと考えられていました。

　芸芸众生 yúnyún-zhòngshēng：仏教用語で「多くの命あるもの，生きとし生けるもの」の意です。

　恢宏 huīhóng：「大きい，広い」という意味です。

(2) **庙堂** miàotáng：「寺院，神社仏閣」という意味です。

　洁身自好 jiéshēn-zìhào：「身を清く保ち世俗に染まらない」という意味の成語です。"好" は "hào" と読みます。

　两全其美 liǎngquán-qíměi：「双方に配慮して満足させる」という意味の成語です。

　(1)と(2)は新聞記事・エッセイ・実用文など100字程度の日本語の文章を中国語に翻訳する問題です。(3)は作文問題です。これは2021年度から始まった新しい形式の問題で，3つの語句を使って一つの事柄について50〜80字の文章を作ります。

【合格へのヒント（日文中訳）】

　日本語を母語とする中国語学習者にとって，日文中訳は難関の一つです。ここではこの難関を突破するために必要なポイントをいくつか挙げてみましょう。

① 日本語独特の表現をどう訳すか

　正確に訳すにはその日本語に含まれている意味を理解する必要があります。たとえば「高速道路がものすごい渋滞で，参ったよ」（第81回）という会話文の「参ったよ」をどう訳すか。解答例は“高速公路上车堵得厉害，让人受不了”としています。「参る」を「閉口する」の意と捉え，“受不了”や“为难”などを使えばよいのです。

　また「これはわたしを鼓舞して向上させるエネルギーだと言っても過言ではない」（第85回）の「…と言っても過言ではない」をどう訳すか。解答例は“说它是鼓舞我上进的动力也不过分”としています。“并非言过其实”とも訳せますが，日本語の「過言」をそのまま使って“过言”としてはいけません。

② 動詞の使い分けに注意する

　日本語では同じ動詞でも，中国語は文脈に応じて訳し分ける必要があります。たとえば同じ「思う」でも，以下のように訳し分けなければなりません。

　「最近の若者はこのような行為はかっこ悪いと思うようになってきている」（第76回）の「思う」を中国ではどの動詞を使って訳すか。解答例は“现在的年轻人认为这样的行为不体面了”と“认为”を使っています。また，「そうすれば親に経済的な負担をかけずにすむと思ったが，自活するのは予想以上に大変そうだ」（第79回）の「思う」を“原来以为这样就不用给父母增加经济负担，但是自

己谋生比想的难得多"と"以为"で訳しています。

"认为"も"以为"も「思う」あるいは「考える」の意を表す動詞ですが，"认为"は一定の認識に基づいて判断するという時に用い，"以为"は主観的な予想を強調する時に用います。また，"以为"は「考えたことと実際が違っていた」という場合によく用いられます。"我认为这几部电影值得一看"（この映画は一見の価値がある）の"认为"を"以为"に代えてもほとんど同じですが，"你以为我懂法语，这是误解"（あなたはわたしがフランス語がわかると思っていますが，それは誤解です）という文は，「わたしはフランス語がわからない」ということを暗に表しています。

③ "了"の用法に注意する

"了"は日本人学習者には鬼門とも言える助詞です。"了"は決して過去を表すわけではなく，完了を表すのだということは知っていても，どう使ったらよいのか迷うことがしばしばあります。たとえば，「ずぶ濡れになったうえ，もう少しで道に迷いそうになった」（第84回）の解答例は"不但淋湿了，还差点儿迷了路"となっています。実際には道に迷っていないのに，"迷了路"としていることに注意を要します。言わば，未来の時点における完了とでもいうことになるのでしょうか。

「たとえ失敗したとしても役に立つものをたくさん得られる」（第89回）の解答例は"即使失败了，也能从中获得很多有益的东西"です。これも未来の時点における完了といえるでしょう。

また，「ようやく駅にたどり着いた」の解答例は"才走到车站"で，"了"を使っていません。過去の出来事であってもすでに"才"という副詞があって，過去のことだとわかっていますので，"了"を使う必要はないのです。

④ 語と語の組み合わせに習熟する

どの言語も同じですが，中国語は語と語の組み合わせをとても重視する言語です。これを中国語では"词与词之间的搭配"と言いますが，中国語で文を書く時にもこの"搭配"に熟知していなければなりません。動詞と目的語の組合せや主語と形容詞の組合せなど，たくさんある"搭配关系"に精通することが中国語学習の要諦でもあるのです。

たとえば「夢を見る」という［動詞＋目的語］は，中国語では"做梦"と言い

ます。「まさか自分の住む都市でもう一度オリンピックを観ることができるなんて，夢にも思わなかった」（第88回）の解答例は"做梦也没想到能在自己住的城市再一次看奥运会"となっています。

また，［主語＋形容詞］の例としては，「広い視野を有する人だけが精神と物質のバランスの重要性がわかるのである」（第90回）の解答例は"只有视野开阔的人才知道精神与物质平衡的重要"となっています。"视野"と"开阔"の"搭配关系"に要注意です。

⑤　常用語や新語を覚える

翻訳力は詰まるところ，語彙力です。日常生活などでよく使われる単語をきちんと学習しておく必要があります。

過去問の中に出てきた語句を列挙してみますと，「第4四半期」→"第四季度"，「コンテナ」→"集装箱"，「営業日」→"工作日"，「セルフレジ」→"自助收款"，「無人レジ」→"无人收款机"，「キャッシュレスでの買い物」→"非现金购物"などがあります。日ごろから注意して，より多くの単語を覚える習慣をつけたいものです。

【合格へのヒント（作文）】

作文問題も，日文中訳と同様，日本語を母語とする学習者にとっては難関といえます。以下の点に注意して練習問題に取り組みましょう。

1) 字数は句読点を含めて，50字未満や80字以上にならないように注意しましょう。また，指定された3つの語句は必ず使わなくてはなりません。作文を終えた後，指定語句が使われているかどうかを確認しましょう。

2) 作文の内容および表現は，センテンス間の関連性を明確にし，中国語としての自然さを心がけるとよいでしょう。文法および語彙については用語法の正確さを常に注意して学習することが大切です。

練習問題 I	(1)・(2)の日本語を中国語に訳しなさい。また，(3)の指示に従って中国語で文章を書きなさい。

☐ (1) 今回の訪問を通じて，私どもは貴省との貿易ならびに協力拡大の前途に確信を強めることができました。この可能性を現実に変えるため貴方との連携を強めつつ，努力してまいる所存であります。

☐ (2) 晩ご飯の後，宿題を終えた息子は，うれしそうにテレビを点けた。息子はいろんな面白いアニメを観るのが好きで，いつも繰り返しそうした動画を観て，「パパ，ここに来て僕と一緒に見ない？」と父親を熱心に誘ったが，スマホをいじっている父親はそれをきっぱりと断った。

☐ (3) 「流行」について，次の3つの語句をすべて使用して50字以上80字以内で書きなさい。
"时尚""品牌""打扮"

解答例

(1) 通过这次访问，我们对发展与贵省之间的贸易与合作的前景增强了信心。为使这一可能性变为现实，我们愿意加强同贵方的联系，做出不懈的努力。

▶「今回の訪問を通じて」は"通过"を介詞として用いて"通过这次访问"のように訳すことができます。
▶"愿意"の代わりに"打算"を用いることもできます。

(2) 晚饭过后，做完作业的儿子开心地打开了电视。儿子喜欢看各种有趣的动画片，总是一遍遍地重复观看相关的视频。"爸爸，过来跟我一起看吧。"儿子极力邀请父亲，却被正在玩儿手机的父亲一口拒绝了。

▶"做完作业"の代わりに"完成作业"とすることもできます。

▶「アニメ」は“动画片”または“卡通片”，「動画」は“视频”または“动画”と言います。

▶「熱心に誘う」は“极力邀请”のほかに“热心劝诱”のように訳すこともできます。

▶「スマホをいじる」は“玩儿手机”と言います。ここでは“看手机”でもかまいません。

▶「きっぱりと断る」は“一口拒绝”または“断然回绝”と訳すことができます。副詞“一口”は「きっぱりと」「断固として」という意味です。

(3) 现在住在中国的城市的女性穿戴很<u>时尚</u>。她们舍得花时间逛商店，也舍得花钱买化妆品。很多年轻人买服装讲究<u>品牌</u>，甚至把自己<u>打扮</u>得像时装模特儿一样。(69字)

（いま，中国の都市に住んでいる女性の服装はとても流行に合っている。彼女たちはショッピングにいとまを惜しまず，化粧品にも惜しげもなくお金を遣う。多くの若者は服を買うのにブランドにこだわり，そしてファッションモデルのように着飾っている。）

▶“时尚”は「流行に乗っている」，“品牌”は「ブランド（品）」，“打扮”は「着飾る，装う」という意味です。

練習問題 Ⅱ	(1)・(2)の日本語を中国語に訳しなさい。また，(3)の指示に従って中国語で文章を書きなさい。

□ (1) 日本で2，3年働いた後，チャンスがあれば，わたしは欧米にも働きに行きたい。そうなると，両親は「留守番老人」になってしまう。外国に行き息子と一緒に暮らすほうが幸せか，それとも慣れ親しんだわが家に残るほうが楽しいか。この問題について，わたしはまだ考えがまとまらない。

□ (2) 東京スカイツリーの展望台で，歌舞伎の映像を窓ガラスに投影するショーが催されている。観客は夜景を眺めながら，歌舞伎とロックンロールを組み合わせたユニークな映像が楽しめる。

□ (3) 「プレゼントを贈る」について，次の3つの語句をすべて使用して50字以上80字以下で書きなさい。
"客户""礼品""喜好"

解答例

(1) 在日本工作两三年后，有机会我还想去欧美工作。这样一来，父母就成了"留守老人"。是到国外和儿子一起生活幸福，还是留在熟悉的老家更开心？对于这个问题，我还没有想好。

▶「そうなると」は"这样一来"とします。「…ほうが幸せか，それとも…ほうが楽しいか」は，選択式疑問文"A还是B？"の構文を使って訳すことができます。

▶「楽しい」は"开心"の代わりに"快乐"を用いてもかまいません。

(2) 在东京晴空塔的展望台上，正在举办将歌舞妓的影像投射到玻璃窗上的表演。观众可以一边眺望夜空，一边欣赏歌舞伎与摇滚乐相组合的独特画面。

▶「スカイツリー」は"晴空塔"と"天空樹"の2つの訳語があります。

▶「催されている」は進行形ですから，"正在…"などの文型を使います。動詞は"举办"の代わりに"举行"を用いてもかまいません。

▶「…しながら，…する」は"一边…一边…"の文型を用いて訳します。

▶「…を」は"将"のほかに"把"とすることもできます。

(3) 在工作中，为了与<u>客户</u>建立良好的关系，有时要赠送精心选择的<u>礼品</u>。如果礼品价值太高，会让对方认为你有所企图。只有针对客户的<u>喜好</u>而选送的礼品，才能让其印象深刻。(77字)

(仕事において，取引先と良好な関係を築くために，心を込めて選んだプレゼントを贈ることがある。もしプレゼントの値段が高すぎると相手にあなたには何か企みがあるのではないかと考えさせてしまう恐れがある。取引先の好みに合わせて贈ったプレゼントこそ，その印象を深くすることができるだろう。)

▶文末の"只有…才…"は「…してこそ，はじめて（やっと）…」という条件関係を表す複文です。

練習問題 III	(1)・(2)の日本語を中国語に訳しなさい。また，(3)の指示に従って中国語で文章を書きなさい。

□ (1) 前回来た時に泊まったホテルが実によかったので，今回もそこにしようと思ったが，あいにく満室だ。仕方なく駅から近いホテルを予約したが，それがどこだかわからない。駅前の道をどんどん歩いて，ここかなと思うホテルに入った。

□ (2) 様々な問題がある中で人々は生活し続けています。困難な中でも何かしら方法を見出して何とか乗り越えて生きていく。そんな中国人たちの生きることに対する貪欲な姿勢がこの巨大な国を支える一つの原動力ではないかと思います。

□ (3) 「ペットの犬を飼う」について，次の3つの語句をすべて使用して50字以上80字以内で書きなさい。
"宠物""看家""忠诚"

解答例

(1) 上次来的时候住的酒店很好，这次也想住在那里，可不巧已经住满了。我只好预订了离车站很近的酒店，但不知道它的位置。沿着站前的道路往前走，就走进了一家像是我要找的酒店。

▶「ホテル」はその規模やランクによって"酒店""饭店""宾馆""旅馆"と4つの訳語が考えられます。

▶「あいにく」は"不（凑）巧""偏巧"などと訳します。

(2) 人们始终生活在各种各样的问题之中。即使有困难也要想方设法克服它而生活下去。我认为中国人这种对生存的强烈欲望就是支撑这个巨大国家的原动力之一。

▶「困難な中でも」は、"即使…也…"（たとえ…としても）という仮定や譲歩関係を表す複文を用いて訳すとよいでしょう。

▶ 文の後半の「…そんな中国人たちの生きることに対する貪欲な姿勢が…と思います」は"我觉得中国人这种对于生存的贪欲姿态就是…"のように訳すこともできます。

(3) 过去，在中国只有农村的家里才喜欢养狗，其目的多是为了让狗看家。由于狗聪明、善良，特别是对主人十分忠诚，近些年来作为宠物走进了城市的百姓人家。(70字)

（昔，中国では農家しか犬を飼っていなかったが，その目的はおおかた番犬としてだった。犬は賢く，善良で，特に飼い主にとても忠実であるから，近年，ペットとして都市部の庶民の家に入ってきている。）

▶ "看家 kānjiā" は「留守番をする」，"忠诚" は「忠実である」，"宠物" は「ペット」という意味です。

<table>
<tr><td>練習問題
Ⅳ</td><td>(1)・(2)の日本語を中国語に訳しなさい。また，(3)の指示に従って中国語で文章を書きなさい。</td></tr>
</table>

□ (1)　昨日の午後，代表団はマイクロバスで自動車組立工場に着いた。応接室で工場長が工場の歴史と現状を30分ほど紹介した後，係員の案内で組立現場を見学しに行った。

□ (2)　日本の「おもてなし」スタイルは，日本ならではのホスピタリティが主だった特徴と言えるが，そもそもどのようなサービスが素晴らしいと感じられるかについては，実際に一流のホテルのサービスを体験してみないことには理解できないところがある。

□ (3)　「カルチャーショック」について，次の3つの語句をすべて使用して50字以上80字以内で書きなさい。
　　　　　"价值观""困惑""多元化"

〔解答例〕

(1) 昨天下午，代表团一行乘坐面包车来到汽车组装工厂。在接待室里，厂长用30分钟介绍了工厂的历史和现状，然后，他们在工作人员的陪同下去参观了组装车间。

▶「マイクロバス」は"面包车"と言います。食パンに形が似ていることから名づけられました。
▶「係員の案内で」は"在主管人员的引导下"としてもかまいません。
▶最後の"组装车间"は，代わりに"现场"としてもよいでしょう。

(2) 日本的"款待"方式，可以说是以日本式的热情好客为主要特征的。究竟什么样的服务才能让人感到是最好的呢？没有亲自体验过一流酒店的服务，是不能完全理解的。

▶「おもてなし」は，"款待""招待""接待"などと訳すことができます。「ホスピタリティ」は「客を親切にもてなすこと」ですから"热情好客"とします。

▶「…が主だった特徴」は"以…为主要特征"と訳します。

▶「そもそも」は"究竟"とします。「実際に…」は"亲自"の代わりに"实际"を用いて訳してもかまいません。

(3) 现在世界越来越<u>多元化</u>，无论哪个领域都会有不同的<u>价值观</u>在相互碰撞着。处于这个时代，我们不免有<u>困惑</u>，但同时我们的思维会越来越活跃，生活也会更多彩。(71字)

(現在，世界はますます多元化していて，どの分野でも異なる価値観がぶつかり合っている。このような時代に生きていて，わたしたちは戸惑いを免れがたいが，同時にわたしたちの思考はますます活発になっており，生活もさらに多彩になっていくであろう。)

▶多元化社会における価値観について述べています。"处于"は「（ある立場や状態）に置かれている」という意味です。"不免"は，「…せざるを得ない」「どうしても…になる」という意味を表します。

リスニング

1 長文聴解
2 書き取り

* 音声を聞いて解答してください。間違えたところ，聞き取れなかったところは，解答を見ながらもう一度聞いて確認しましょう。

① 長文聴解

内容の理解度をはかる長文問題が毎回 2 篇出題され，配点は 50 点で，リスニング問題全体の半分を占めます。2 篇とも 600〜700 字程度で，論説スタイルと物語スタイルの文章が抜粋されています。

【合格へのヒント】

リスニング問題を解く場合は，文章がやや長いため，文脈を理解することが最も重要です。たとえ意味のわからない単語があってもそれにこだわってはいけません。また聞き取れた内容をなるべく頭の中で映像化するよう努めるとよいでしょう。文脈さえ理解できれば，おのずと問いの内容も聞き取りやすくなります。リスニング問題を解くためには，日ごろから中国のテレビやラジオ，新聞による時事報道を聞いたり読んだりする練習が必要です。

練習問題 I	中国語を聞き，(1)〜(5)の問いの答えとして最も適当なものを，①〜④の中から 1 つ選びなさい。 **DL02**

□ (1)
　　①　　　　　②　　　　　③　　　　　④

□ (2)
　　①　　　　　②　　　　　③　　　　　④

□ (3)
　　①　　　　　②　　　　　③　　　　　④

□ (4)
　　①　　　　　②　　　　　③　　　　　④

□ (5)

     ①   ②   ③   ④

全文

    2010 年刚到日本时，杨静芳常会在各种场合被问到"为什么来日本留学？"是啊，为什么毅然决然地做出了这个决定呢？

    杨静芳出国前是广州一家留学机构的日语教师，日复一日相同或相似的工作内容，让她感到大学毕业后有种"止步不前"的困惑。一次，杨静芳要讲解日本新年习俗，除了在网络查阅相关参考资料之外，她还特地同大学时期的日语外教进行过交流，以期为学生呈现更真实的日本节日。

    如她所愿，那天课堂教学进行得很顺利，然而在临近下课时一名学生突然问道："老师，您去过日本吗？"杨静芳摇头否认。一个学生嘲笑她说："没去过，怎么还讲得跟真的似的？"一时间，教室气氛冷了下来。这是她从未预料到的情况，杨静芳想反驳，但当时脑海中一片混乱，不知道该怎么应对。

    "坦白地说，那一刻非常尴尬，但我感谢那位学生的直率。是他的一句话，让我开始重新审视自己的生活。"杨静芳说。

    一直在教日语、介绍日本文化，但日本真实的社会生活到底怎样，杨静芳却不得而知。这节课像是一支火柴，点燃了她心中深藏的念头 —— 去日本留学，亲身感知日本文化。

    杨静芳毅然决然地来到了日本。在语言学校过渡一年后，她被一所知名大学的国际学部录取，从而走上了第二次大学生活的道路。毕业后，她又考取了研究生院的硕士研究生，开始继续深造的生涯。

    从留学开始到获取硕士学位，她一直通过打工和大学的奖学金来支撑自己的学业和生活。杨静芳还利用周末时间参加了许多社会公益活动。她曾作为志愿者跟随老师去养老院做义工，为当地老人组织活动和演出，陪他们聊天儿。

辞職留学，对杨静芳来说有得有失。她认为人生路上有许多选择，选择本身并无好坏之分。自己有收获，就不后悔当初的选择。世界这么大，我想去看看。而这就是我想要的生活。

　　2010 年，日本に着いたばかりの時，楊静芳はよくいろいろな場面で「なぜ日本に留学に来たのか」と尋ねられた。そうだ，なぜ断固としてこの決断をしたのであろう。

　　楊静芳は国を出る前は広州のある留学機関の日本語教師で，来る日も来る日も同じような仕事内容であった。大学を卒業した後，「進歩がない」という戸惑いを感じていた。ある時，楊静芳は日本の新年の風習について説明しなくてはならなかった。インターネットで関連資料を調べるほかに，彼女はわざわざ大学時代の日本人教師に相談して，学生のためにもっと本当の日本の祝祭日を示したいと思った。

　　彼女の思い通りに，その日の授業は順調に運んだが，授業が終わりに近づいた時，一人の学生が突然「先生，先生は日本へ行ったことがありますか」と聞いた。楊静芳は首を横に振り否定した。一人の学生は彼女をあざ笑って「行ったことがないのに，どうして本当のことのように話すのですか」と言った。その瞬間，教室の雰囲気は冷たくなってしまった。それは彼女が予想もしなかったことであった。楊静芳は反駁しようと思ったが，その時は頭の中が混乱してしまい，どう対応してよいかわからなかった。

　　「率直に言って，その時はとても気まずくなりましたが，わたしはその学生の率直さに感謝しました。彼の一言がわたしに自分の生活を改めて見直させてくれたのです」と楊静芳は言った。

　　ずっと日本語を教え，日本文化を紹介してきたが，日本の本当の社会生活がどのようなものなのか，楊静芳は知るよしもなかった。この授業は 1 本のマッチのように，彼女の心の中の奥深くにしまってあった，日本へ留学に行き，自ら日本文化を体得するという思いに火をつけてくれた。

　　楊静芳は意を決して日本にやって来た。語学学校で 1 年間学び，彼女は有名大学の国際学部に受かり，二度目の大学生活の道を歩むことになった。卒業後，彼女は大学院の修士課程に受かり，研究を続ける生活を始めた。

　　留学の始めから修士学位を取るまで，彼女はずっとアルバイトと大学の奨学金で自分の学業と生活を支えた。楊静芳は週末の時間を利用して多くの社会福祉活動にも参加した。彼女はボランティアとして先生について養老院に奉仕活動に行き，そこの老人のために活動やパフォーマンスを行ない，彼らとおしゃべりをした。

　　職を辞めて留学したことは，楊静芳にとって得るところと失うところ両方があった。彼女は人生には多くの選択があるが，選択自体には良い悪いの違いはべつにないと思っ

ている。自分に得るところがあれば，最初の選択を後悔はしない。世界はこんなにも広い。わたしは行って見てみたい。そしてこれこそがわたしが望んでいる生活なのだ。

解答

(1) 杨静芳在中国是做什么工作的？
楊静芳は中国では何の仕事をしていたか。

① 一家中介机构的志愿者。　　ある仲介機関のボランティア。
② 一家养老院的义工。　　ある養老院のボランティア。
③ 一所大学的日语外教。　　ある大学の日本語の外国人教師。
❹ **一所留学机构的日语老师。**　ある留学機関の日本語教師。

▶ 第2段落にある"杨静芳出国前是广州一家留学机构的日语教师"のところを聞き取り，④を選びます。

(2) 杨静芳去日本留学的直接原因是什么？
楊静芳が日本へ留学に行った直接の原因は何か。

① 是因为有的学生觉得她讲授的日本文化太肤浅。
ある学生が彼女が教える日本文化は皮相すぎると感じたから。

② 是因为有的学生认为她讲授的日本习俗不够准确。
ある学生が彼女が教える日本の風習はあまり正確でないと思ったから。

❸ **是因为一位学生嘲笑了她，让她重新考虑自己的人生。**
ある学生が彼女をあざ笑ったことが彼女に改めて自分の人生を考えさせたから。

④ 是因为一位学生表扬了她，使她增强了去留学的信心。
ある学生が彼女を褒めたたえたことが彼女に留学に行く決心を固めさせたから。

▶ 第3段落にある"一个学生嘲笑她说…"と第4段落にある"是他的一句话，让我开始重新审视自己的生活"から，③を選びます。

(3) 杨静芳在日本留学最终攻读的是什么学位？
楊静芳が日本に留学して最終的に修めたのは何の学位か。

① 在日语学校进修了一年就找到工作了。
日本語学校で1年研修してすぐに就職した。

❷ **在研究生院取得了硕士研究生学位。**
大学院で修士の学位を取得した。

③ 在大学的国际学部留学，获得学士学位。

大学の国際学部に留学し，学士の学位を獲得した。

④ 在研究生院继续深造，取得了博士学位。

大学院で引き続き学び，博士の学位を取得した。

▶ 聞かれているのは"最终攻读的学位"ですから，第7段落にある"获取硕士学位"を聞き取り，②を選びます。

(4) 杨静芳在日本留学的费用是怎么解决的？

楊静芳が日本に留学した時の費用はどのように工面したか。

① 生活费和学费是完全依靠自己打工来解决的。

生活費と学費はすべて自分がアルバイトをして工面した。

② 是靠打工及在养老院的演出活动来赚取生活费的。

アルバイトおよび養老院でのパフォーマンス活動によって生活費を稼いだ。

③ 是依靠日本政府提供的奖学金来支付学费的。

日本政府が提供する奨学金に頼って学費を支払った。

❹ 是依靠学校提供的奖学金和自己打工来解决的。

学校が提供する奨学金と自分でアルバイトをすることによって工面した。

▶ 第7段落にある"从留学开始到获取硕士学位，她一直通过打工和大学的奖学金来支撑自己的学业和生活"のところを聞き取り，④を選びます。

(5) 与本文内容相符的是以下哪一项？　本文の内容と一致するのは，次のどれか。

① 杨静芳在广州参加过许多社会公益活动。

楊静芳は広州で多くの社会福祉活動に参加したことがある。

❷ 杨静芳在中国和日本分别上了一次大学。

楊静芳は中国と日本でそれぞれ一度ずつ大学に入った。

③ 杨静芳觉得辞职来日本留学走了弯路。

楊静芳は辞職して日本に留学に来て回り道をしたと思った。

④ 杨静芳在日本完成学业后就毅然回国了。

楊静芳は日本で学業を終えた後すぐにきっぱりと帰国した。

▶ 楊静芳は大学を卒業した後，ずっと日本語の教師をしていたのであり，本文中には広州で社会福祉活動に参加したことがあるとは言及されていませんので，①は一致しません。③については，本文の最終段落の内容と一致しません。第6段落に"毕业后，她又考取了研究生院的硕士研究生，开始继续深造的生涯"とありますから，④も一致しません。②が正解です。

中国語を聞き，(6)〜(10)の問いの答えとして最も適当なものを，
①〜④の中から1つ選びなさい。

DL03

☐ (6)

    ①   ②   ③   ④

☐ (7)

    ①   ②   ③   ④

☐ (8)

    ①   ②   ③   ④

☐ (9)

    ①   ②   ③   ④

☐ (10)

    ①   ②   ③   ④

[全文]

　　今年春节，大约有600万中国人选择离开家乡，在境外过年。有不少持
有新式观念的年轻人开始以出境旅游代替传统的返乡过年。

　　虽然今年年初人民币有所贬值，但是中国游客购物的热情丝毫没有减退。
在日本东京的银座街头，或是在韩国首尔的百货商店，到处可见中国游客提
着大包小包的身影，中国的春节已经成为世界各旅游胜地的消费狂欢节。今
年春节，最受中国游客欢迎的国家是泰国，第二是日本，韩国位居第三。以
城市而言，东京、大阪、首尔、曼谷和台北等亚太地区的城市都很受欢迎，
其中首尔名列第一。

　　人们为什么选择出境旅游呢？家住哈尔滨的张先生去年春节去了海南
岛。他告诉记者：春节期间在国内旅游的费用和出国旅游相差无几，而享受

到的服务却大不一样。因为国内受春节放假的影响，服务人员不足，酒店价格比平时贵一倍，出门找不到出租车，很多餐厅和商店也不营业，所以还不如到国外去旅游。

和往年相比，今年春节出境旅游又有了一些新变化，选择主题旅游的人越来越多，比如到日本做一次身体检查，到欧洲或北海道去滑雪，到澳大利亚去潜水等等。据统计，今年春节有十大主题旅游，排在前三位的分别是健康理疗、自然探索和滑雪。

选择健康理疗为主题旅游的大多是中高端的消费者。记者采访了其中几位游客，他们都觉得春节带上爸爸妈妈到日本、韩国、台湾去泡泡温泉，做一次身体检查是一个很好的选择，这样既可以让自己身心放松、减轻压力，又可以在一家人团圆过春节时孝敬一下父母。相信明年春节会有更多的人选择这类主题旅游。

日本語訳

　今年の春節，約600万人の中国人が家を離れて海外で年越しをした。新しい考え方を持つ多くの若者が，外国旅行をすることをもって伝統的な故郷に帰っての年越しに代え始めている。

　今年の初め，人民元は若干安くなったものの，中国人観光客の購買意欲は少しも衰えていない。日本東京の銀座の通り，あるいは韓国ソウルのデパート，至るところで中国人観光客が大小のバッグを提げた姿が見かけられた。中国の春節はすでに世界の各観光名所の消費カーニバルとなっている。今年の春節，中国人観光客に一番人気があった国はタイで，次は日本，韓国は3位であった。都市について言うと，東京，大阪，ソウル，バンコク，台北などアジア太平洋地区の都市はみな人気があり，その中でソウルが1位である。

　人々はなぜ海外旅行を選択するのだろうか。ハルビンに住む張さんは去年の春節に海南島に行った。彼は記者に次のように語った。春節の期間，国内旅行の費用は海外旅行とほぼ差がないのに，受けるサービスは大きく違う。国内では春節休暇の影響で，従業員が不足し，ホテルの値段は普段の倍になり，外ではタクシーがつかまらず，多くのレストランや店も休みとなるから，海外へ旅行に行ったほうがいい。

　以前と比べ，今年の春節では海外旅行にも若干の変化があり，テーマ観光を選ぶ人がますます増えてきた。たとえば日本へ行って健康診断を受ける，ヨーロッパや北海道へスキーをしに行く，オーストラリアへ行ってダイビングをする等々である。統計によれ

ば，今年の春節の10大テーマ観光のベストスリーは健康物理療法，自然探索，スキーの順であった。

　健康治療をテーマとする観光を選ぶのは，多くは中・高所得層の消費者である。記者はその中の何人かの観光客にインタビューした。彼らは春節に両親を連れて日本，韓国，台湾へ温泉につかりに行き，健康診断を受けたことはとてもよい選択であり，これにより自分の心身をリラックスさせ，プレッシャーを減らすことができ，また一家揃って春節を過ごし，親孝行もできたと思っている。来年の春節にはもっと多くの人がこのテーマ観光を選択することであろう。

解答

(6) 今年春节最受中国游客欢迎的城市是：
　　今年の春節で一番中国人観光客に人気があった都市は：

　　① 台北。　台北。

　　② 东京。　東京。

　　❸ 首尔。　ソウル。

　　④ 曼谷。　バンコク。

　　▶ 第2段落の終わりに "其中首尔名列第一" とありますから，③を選びます。

(7) 张先生为什么要选择出国旅游？
　　張さんはなぜ海外旅行を選択しようと思ったのか。

　　❶ 因为去国外能享受到更好的服务。
　　　外国に行けばよりよいサービスを受けることができるから。

　　② 因为张先生还没有去国外旅游过。
　　　張さんはまだ海外旅行に行ったことがないから。

　　③ 因为国外的酒店设备比国内的好。
　　　外国のホテルの設備は国内よりいいから。

　　④ 因为国内的酒店春节期间不营业。
　　　国内のホテルは春節期間は営業しないから。

　　▶ 第3段落に述べられている "在国内旅游的费用和出国旅游相差无几" 以下の理由により，①を選びます。

(8) 以下哪一种旅游方式属于主题旅游？
　　次のどの旅行方式がテーマ観光に属するか。

　　① 在餐厅品尝美食。　レストランでおいしいものを味わう。

② 在银座购物。　　　　銀座で買い物をする。

③ 去海南岛旅游。　　　海南島へ旅行に行く。

❹ 到欧洲去滑雪。　　　ヨーロッパへスキーに行く。

▶ 4つの選択肢の中で，第4段落に"主題旅游"の例として挙げられているのは，④です。

(9) 选择健康理疗为主题旅游的大多是以下哪一种人？
健康物理療法をテーマ観光に選ぶのは多くはどういう人か。

① 跟父母生活在一起的人。　両親と一緒に暮らしている人。

❷ 生活比较富裕的人。　　　生活が比較的豊かな人。

③ 特别喜欢泡温泉的人。　　温泉につかるのがとても好きな人。

④ 工作压力比较大的人。　　仕事のプレッシャーが比較的大きい人。

▶ 第5段落に"选择健康理疗为主题旅游的大多是中高端的消费者"とあるのを聞き取り，②を選びます。

(10) 与本文内容相符的是以下哪一项？
本文の内容と一致するのは，次のどれか。

① 人民币升值，所以中国游客购物热情高涨。
人民元高なので，中国人観光客の購買意欲は高まっている。

② 国内的酒店要比国外酒店价格贵两倍。
国内のホテルは外国のホテルの3倍の高さである。

❸ 主题旅游越来越受到中国游客的欢迎。
テーマ観光はますます中国人観光客の人気を得ている。

④ 很多中国游客喜欢去欧洲滑雪和泡温泉。
多くの中国人観光客はヨーロッパにスキーをしたり温泉につかったりしに行くのを好む。

▶ 第4段落に"选择主题旅游的人越来越多"とありますから，③が正解です。
①②④はいずれも本文の内容と一致しません。

□ (1)

        ①   ②   ③   ④

□ (2)

        ①   ②   ③   ④

□ (3)

        ①   ②   ③   ④

□ (4)

        ①   ②   ③   ④

□ (5)

        ①   ②   ③   ④

[全文]

    2021 年 7 月 30 日晚，中国选手马龙在东京奥运会乒乓球男单决赛中以 4：2 战胜了世界排名第一的樊振东，成为该项目在奥运会上成功卫冕的第一人。

    马龙在 2012 年的伦敦奥运会上获得团体金牌；在 2016 年的里约奥运会上包揽了男单和团体两项冠军；2021 年第三次出现在奥运会赛场，32 岁的马龙多了几分淡定和从容。

    马龙在赛后说，"这次来东京参加奥运会，自己并没有想太多。其实这几年都不太敢想拿奥运会冠军，这个过程非常漫长。"

    最近 5 年，马龙遭遇竞技状态波动和伤病，这枚奥运金牌对他而言，显得格外珍贵。2019 年开始，马龙受伤病困扰，一年多没有登上冠军领奖台，

他的心理落差可想而知。不仅如此，中国乒乓球强手如云，新人辈出，马龙的危机感与日俱增。

马龙夺冠后回顾这些年走过的历程，颇为感慨地说："里约奥运周期，我走得比较顺，赢了很多场球，拿了很多冠军，特别是拿到了里约奥运会金牌。但在东京奥运周期，随着技战术更新和年轻选手的不断涌现、成长，我输了很多球。"对这次力克队友樊振东，拿下男子单打这枚金牌，马龙坦言："非常不易，得益于临场发挥和认真备战。此外，还要归功于教练团队的帮助、指点。"

这场胜利让马龙收获了第 25 个世界冠军头衔，也让他超越王楠，成为国际乒坛史上世界冠军头衔最多的运动员。他的传奇仍在延续。马龙说："我觉得自己可以继续打下去，在未来相当一段时间仍然有足够实力迎战各国顶尖选手，包括乒乓新秀们的挑战。"

樊振东赛后对记者说："马龙现在状态依然极佳，好像岁月并没有在他身上留下什么痕迹。"半决赛上，德国选手奥恰洛夫输给马龙，他评价道："马龙充分展现了乒乓球运动的无穷魅力，为世界乒乓球运动的发展作出了重大贡献。"

（日本語訳）

2021 年 7 月 30 日の夜，中国選手の馬龍は東京オリンピック卓球男子シングルス決勝において 4 対 2 で世界ランキング 1 位の樊振東を破り，この種目でオリンピックチャンピオンの座を防衛した初めての選手となった。

馬龍は 2012 年のロンドンオリンピックで団体金メダルを獲得し，2016 年のリオデジャネイロオリンピックで男子シングルスと団体の 2 種目でともに優勝した。2021 年には 3 度目のオリンピックの試合に出場した。32 歳の馬龍は幾分の落ち着きとゆとりを加えていた。

馬龍は試合後，「今回東京に来てオリンピックに出場しましたが，自分としてはべつに多くのことを考えていませんでした。実はこの数年オリンピック金メダリストになろうとはあまり思っていなかったのです。この過程はとても長かったです」と語った。

この 5 年間，馬龍はコンディションの不安定さと怪我や病気に見舞われた。このオリンピックの金メダルは彼にとっては，格別貴重なものに見える。2019 年から，馬龍は怪我や病気に苦しみ，1 年余り優勝することはなかった。彼の心理的な落ち込みは想像

できる。それだけではなく，中国の卓球の強い選手はとても多く，新人が輩出し，馬龍の危機感は日増しに強まっていった。

馬龍は優勝した後，この数年歩んだ過程を振り返り，とても感慨深げに「リオオリンピックまでの期間中，わたしはわりに順調で，多くの試合に勝ち，たくさん優勝し，特にリオオリンピックで金メダルを獲得しました。しかし東京オリンピックまでの期間中に，戦術が新しくなり，若い選手が絶えず出てきて，成長していくにつれて，わたしは多くの試合で負けました」と語った。今回チームメートの樊振東に勝ち，男子シングルスの金メダルを獲得し，馬龍は「とても大変でした。試合に全力を発揮したのと真剣に準備したおかげです。そのほかに，コーチングスタッフの援助と指摘のおかげです」と率直に語った。

今回の勝利で馬龍は 25 回目の世界選手権優勝を果たし，王楠を超え，国際卓球界史上の世界選手権優勝回数最多の選手となった。彼のレジェンドはまだ続いている。馬龍は「わたしは自分が選手を続けていくことができると思っています。これからもかなりの期間，十分な実力を持って，卓球界新星の挑戦を含めて，各国のトップ選手を迎え撃つつもりです」と語っている。

樊振東は試合後，記者に「馬龍の今の状態は依然としてとてもよく，歳月は彼の体に何の痕跡も残していないかのようだ」と語った。準決勝で，ドイツの選手であるオフチャロフは馬龍に負けた。彼は「馬龍は卓球というスポーツの無限の魅力を十分に表現し，世界卓球の発展に大きな貢献をした」と評価した。

[解答]

(1) 东京奥运会乒乓球男单决赛的结果是：
東京オリンピックの卓球男子シングルス決勝戦の結果は：

❶ 马龙以 4：2 的比分战胜中国队选手樊振东取得了冠军。
馬龍が 4 対 2 で中国選手の樊振東に勝ち，優勝した。

② 马龙以 4：2 的比分战胜德国选手奥恰洛夫取得了冠军。
馬龍が 4 対 2 でドイツ選手オフチャロフに勝ち，優勝した。

③ 樊振东以 4：2 的比分战胜德国选手奥恰洛夫获得金牌。
樊振東が 4 対 2 でドイツ選手オフチャロフに勝ち，金メダルを獲得した。

④ 小将樊振东以 4：2 的比分战胜了队友马龙摘取了金牌。
若手の樊振東が 4 対 2 でチームメートの馬龍に勝ち，金メダルを奪取した。

▶ 第 1 段落に "中国选手马龙在东京奥运会乒乓球男单决赛中以 4：2 战胜了世界排名第一的樊振东" とあるのを聞き取り，①を選びます。

(2) 为什么说马龙在东京奥运会上显得淡定和从容?

なぜ馬龍は東京オリンピックで落ち着いてゆったりとしているように見えたのか。

① 因为他已经 32 岁了，以后再没机会参加奥运会了。

彼はすでに 32 歳になり，今後はもうオリンピックに出る機会がないから。

❷ 因为他是第三次参加奥运会，前两次都得了金牌。

彼は 3 度目のオリンピック参加で，前の 2 回はいずれも金メダルを獲得していたから。

③ 因为他在过去的两次奥运会上只拿到了团体冠军。

彼は過去の 2 回のオリンピックでは団体優勝しかしていないから。

④ 因为他是世界乒乓球男子排名第一名，很有信心。

彼は世界卓球男子ランキング 1 位であり，とても自信があったから。

▶ 第 2 段落に述べられている内容から，②を選びます。

(3) 马龙认为取得单打冠军的原因是什么?

馬龍はシングルスで優勝した原因は何だと考えているか。

① 战胜了竞技状态的波动和伤病的缠绕。

コンディションの波と怪我や病気の苦悩に打ち勝ったこと。

② 强手如云，使得自己危机感与日俱增。

強い選手が続出し，自分の危機感が日増しに高まったこと。

③ 技战术的更新和年轻选手的不断涌现。

テクニックや戦術の進化と若手選手の絶えざる出現。

❹ 认真备战、临场发挥和教练团队的指点。

真剣な試合への準備，試合に臨んで力を発揮することおよびコーチングスタッフの指摘。

▶ 第 5 段落で馬龍が"得益于临场发挥和认真备战。此外，还要归功于教练团队的帮助、指点"と言っているのを聞き取り，④を選びます。

(4) 奥恰洛夫是怎样看待马龙的?

オフチャロフは馬龍をどのように見ているか。

① 好像岁月没有在他身上留下什么痕迹。

歳月は彼の体に何の痕跡も残していないかのようであった。

❷ 他充分展现了乒乓球运动的无穷魅力。

彼は卓球の尽きぬ魅力を十分に表現した。

③ 他现在仍然处于最佳状态，不会退役。

彼は依然として一番よい状態にあり，引退するはずはない。

④ 今后他还有迎战各国顶尖选手的实力。
今後彼はまだ各国のトップ選手を迎え撃つ実力を持っている。

▶最後の段落に"马龙充分展现了乒乓球运动的无穷魅力"とありますから，②が正解です。

(5) 与本文内容不相符的是以下哪一项?
本文の内容に一致しないものは，次のどれか。

① 马龙是国际乒坛史上世界冠军头衔最多的运动员。
馬龍は国際卓球界史上，最も多く世界チャンピオンになった選手である。

② 马龙自 2019 年以来，因伤病一年多没有得过冠军。
馬龍は 2019 年以来，怪我や病気で 1 年あまり優勝したことがなかった。

❸ 在东京奥运会上马龙首次获得了男子单打奥运金牌。
東京オリンピックで馬龍は男子シングルス金メダルを初めて獲得した。

④ 现在樊振东依然是男子乒乓球世界排名第一的选手。
現在樊振東は依然として男子卓球世界ランキング 1 位の選手である。

▶①は第 6 段落に"成为国际乒坛史上世界冠军头衔最多的运动员"とありますから，内容に合っています。②も第 4 段落に"2019 年开始，马龙受伤病困扰，一年多没有登上冠军领奖台"とありますから，内容に合っています。③は第 1 段落に"成为该项目在奥运会上成功卫冕的第一人"とあり，内容と合っていませんので，これが正解です。④は第 1 段落に"世界排名第一的樊振东"とありますから，内容に合っています。

中国語を聞き，(6)〜(10)の問いの答えとして最も適当なものを，①〜④の中から1つ選びなさい。　**DL05**

□ (6)
　　　①　　　　　　②　　　　　　③　　　　　　④

□ (7)
　　　①　　　　　　②　　　　　　③　　　　　　④

□ (8)
　　　①　　　　　　②　　　　　　③　　　　　　④

□ (9)
　　　①　　　　　　②　　　　　　③　　　　　　④

□ (10)
　　　①　　　　　　②　　　　　　③　　　　　　④

全文

　　今年3月，日本的一家知名媒体面向在日本工作，或曾在日本有过工作经历的外国人进行了一项网络调查。该调查旨在了解外国人在日本居住期间的工作环境以及跳槽的情况，以便改善日本企业招聘与外国人求职的匹配率。调查期间共收到了129份有效回答。据5月13日公布的调查数据显示，在日本工作的外国人最看重的就是"雇佣关系稳定性"，希望就职公司能给予自己更多在生活上的安全感。就这一点来说，日本大企业通常都拥有比较固定的雇佣环境，对于外国人而言非常具有吸引力。

　　据一名供职于日本大公司的旅日华人称，新冠疫情给日本大企业带来的冲击有限，具体到员工层面，可以说完全感受不到。公司鼓励员工休假以及居家办公，又额外发放疫情慰问金，许多员工甚至认为目前的工作和生活比疫情前还舒心。

其次，外国人重视的是"工作富有意义，创造自我价值"，这一回答占总体的 28.7%。排第三位的是"日本社会工资较高"，占总体的 24%。

反之，外国人在日本工作时觉得不满意的地方，第一位是"薪水欠佳"，占总体的 31.8%。这是由于在回答者中有来自高收入国家的外国人，相比之下觉得日本国内的薪资水平不够高。另外，"工作职责不明确"、"人事评价制度标准暧昧"、"外国人难以得到晋升"、"加班较多"等，均被回答者频繁提起，排在前列。

至于打算在日本工作多少年限，有 41.4% 的外国人表示："希望尽可能长期在日本工作"。不过，希望在日本工作 10 年以上的外国人仅占 5.4%。有专家指出，外国人普遍会根据和衡量日本国内实际的雇佣状况，来判断是否应该继续在日本工作下去，而不是去制定一个明确的工作期限来束缚自己。

[日本語訳]

今年の 3 月，日本のある有名なメディアが日本で働く，あるいは日本で働いた経験のある外国人にインターネットでの調査を行なった。この調査の主旨は外国人の日本在住期間における仕事の環境および転職の状況を知ることによって日本企業の求人と外国人の求職のマッチング率を改善しようとするものである。調査期間に合計 129 の有効回答を回収した。5 月 13 日に発表された調査データは，日本で働く外国人が最も重視しているのは「雇用関係の安定性」であり，就職する企業が自分に生活上でより多く安定感を与えてくれることを望んでいることを示している。この点について言えば，日本の大企業は通常，比較的固定的な雇用環境を有し，外国人にとってとても魅力がある。

日本の大企業に就職したある在日中国人は，新型コロナウイルスが日本の大企業にもたらした衝撃は限定的であり，社員個人のレベルにおいては，まったく感じられないと言えると語っている。会社は社員が休暇を取ったり，在宅で仕事をすることを奨励し，また疫病発生状況下での見舞金を特別支給しており，多くの社員は現在の仕事と生活はコロナ前より快適であるとすら思っている。

次に，外国人が重視するのは「仕事が大いに意義のあるものであり，自分の価値を創造する」ということである。この回答は全体の 28.7% を占めている。第 3 位は「日本社会は賃金がわりと高い」で，全体の 24% を占めている。

これに反して，外国人が日本で働いている時に不満に思うところは，第 1 位は「賃金がよくない」であり，この回答は全体の 31.8% を占めている。これは回答者の中には高収入の国から来た外国人がいて，比較してみると日本国内の賃金レベルはあまり高くな

いと感じているからである。そのほかに，「仕事の職責が不明確である」，「人事評価制度の基準が曖昧である」，「外国人は昇進しにくい」，「残業が比較的多い」などが回答者によってしばしば指摘されており，上位にランクされている。

　日本でどれほどの期間働くつもりかについては，41.4％の外国人が「できるだけ長い期間日本で働きたい」と言っている。しかし，日本で10年以上働きたいと思っている外国人はわずか5.4％に過ぎない。外国人は多くの場合，日本国内の実際の雇用状況に基づいて比較し，日本で働き続けるべきか否かを判断するのであって，明確な仕事の期限を設定して自分を縛ったりはしないと指摘する専門家がいる。

解答

(6) 网络调查的目的是什么？
　　インターネット調査の目的は何か。

　　① 了解外国人的工作环境以及薪资的情况。
　　　外国人の仕事環境および賃金状況を知る。

　　② 改善日本大企业在海外招聘人才的状况。
　　　日本の大企業の海外における人材募集の状況を改善する。

　　❸ 了解外国人的工作环境以及跳槽的情况。
　　　外国人の仕事環境および転職の状況を知る。

　　④ 改善外国企业的招聘及外国人求职状况。
　　　外国企業の社員募集および外国人の求職状況を改善する。

　▶第1段落に "该调查旨在了解外国人在日本居住期间的工作环境以及跳槽的情况" とありますから，③を選びます。

(7) 在日本工作的外国人最重视什么?
　　日本で働く外国人は何を重視するか。

　　❶ 稳定的雇佣关系。　安定した雇用関係。
　　② 过多的加班时间。　過度の残業時間。
　　③ 公平的人事制度。　公平な人事制度。
　　④ 较高的工资待遇。　比較的高い賃金待遇。

　▶第1段落にある "在日本工作的外国人最看重的就是'雇佣关系稳定性'" を聞き取り，①を選びます。

(8) 外国人在日本工作时觉得最不满意的是什么?
　　外国人が日本で働く時，最も不満に思うことは何か。

① 工作职责不明确。　　仕事の職責が不明確である。

❷ 薪资待遇不理想。　　賃金待遇がよくない。

③ 难以得到晋升。　　昇進するのが難しい。

④ 人事评价标准暧昧。　人事評価基準が曖昧である。

▶第 4 段落に "外国人在日本工作时觉得不满意的地方，第一位是‘薪水欠佳’" とありますから，②を選びます。

(9) 希望尽量长期在日本工作的外国人占多大比例？

できるだけ長い期間，日本で働きたいと希望している外国人はどれほどの比率を占めているか。

① 仅占 5.4%。　　わずか 5.4% を占めているだけ。

❷ 41% 左右。　　41% くらい。

③ 28% 左右。　　28% くらい。

④ 仅占 24%。　　わずか 24% を占めるだけ。

▶最後の段落にある "至于打算在日本工作多少年限，有 41.4% 的外国人表示：‘希望尽可能长期在日本工作’" を聞き取り，②を選びます。

(10) 与本文内容不相符的是以下哪一项？

本文の内容に一致しないものは，次のどれか。

① 问卷调查是通过互联网进行的，一共收到 129 份有效回答。

アンケート調査はインターネットを通じて行われたもので，全部で 129 の有効回答を得た。

② 来自高收入国家的外国人对日本企业的薪水待遇不太满意。

高収入の国から来た外国人は日本企業の賃金待遇に対してあまり満足していない。

❸ 很多员工认为现在在日本企业工作，没有疫情前心情舒畅。

多くの社員は現在日本の企業で働いていて，コロナ前の気持ちのゆとりはないと思っている。

④ 很多外国人根据日本的雇佣状况来决定在日本工作的期限。

多くの外国人は日本の雇用状況に基づいて日本で働く期限を決めている。

▶①は第 1 段落に述べられている内容と合っています。②も第 4 段落に述べられている内容と合っています。③は第 2 段落の最後に述べられている "许多员工甚至认为目前的工作和生活比疫情前还舒心" と合っていませんので，これが正解です。④は最後の段落で述べられている内容と一致しています。

2 書き取り

500〜600字程度の文章を読み，5か所を漢字で書き取ります。文章の内容は文学的な作品よりエッセイや新聞報道など一般向けの読み物がよく見られます。

【合格へのヒント】

リスニング問題として書き取りが100点中50点も配点されています。中国語の文章を聞いて書き取ることは，語彙力を強化するには有効な方法です。日頃から耳で聞き取る練習だけでなく，書き取る練習を繰り返す必要があります。はじめは文字を見ながら聞いてもかまいませんが，繰り返し聞いて，文字を見ないで聞き取れるようになるまで練習してください。

練習問題 I	中国語を聞き，その中から指定された5か所を漢字で書き取りなさい。 全文 DL06 DL12

☐ (1)   DL07

☐ (2)   DL08

□ (3)　　　　　　　　　　　　　　　　　　　　　　　DL09

□ (4)　　　　　　　　　　　　　　　　　　　　　　　DL10

□ (5)　　　　　　　　　　　　　　　　　　　　　　　DL11

解答

　　社会不是一个人的社会，而是我们的社会，我们实实在在地生活在这个
社会里。

　　(1)自从人类诞生以来，一切的衣食住行及生产、生活都离不开我们生存
的环境。我们生活在地球上，然而地球并不是只有我们生存，还有很多很多
的动植物。(2)所有生物的生存，又有哪一样离得开地球上的大气、森林、海
洋、河流、土壤、草原呢？地球就是由所有的生物组成的错综复杂而关系密

切的自然生态系统，这就是人类赖以生存的基本环境。

　　人类把文明的进程一直滞留在对自然的征服掠夺上，却从来不曾想到对哺育人类的地球给予保护和回报。(3)<u>我们人类在取得辉煌的文明成果的同时，对自然的掠夺却使得我们所生存的地球满目疮痍。</u>人口的增长和生产活动的增多，也对环境造成冲击，给环境带来压力。

　　地球上人类、生物和气候、土壤、水等环境条件之间存在着错综复杂的相互关系，就跟我们人体的各个器官之间都需要保持平衡是一样的。你想想，(4)<u>我们人类身上的某个器官坏了，就会痛苦不已，地球也是如此，一旦失去了生态平衡，便会产生种种不良后果。</u>如今地球面临着许多环境问题，令我们头疼不已。

　　亲爱的同学们，你还在犹豫什么呢？从此刻起，就伸出你的手，伸出我的手，一起去爱护环境，保护环境。(5)<u>我相信，有了每一个人的参与，我们的家园就会更美丽。</u>让我们时刻牢记保护环境是不容推御的责任。

[日本語訳]

　　社会は一人の社会ではなく，わたしたちの社会であり，わたしたちは正にこの社会に生きている。

　　(1)<u>人類が誕生して以来，すべての衣食住と交通および生産，生活はわたしたちが生存している環境から離れることができない。</u>わたしたちは地球に生活しているが，地球には決してわたしたちだけが生きているのではなく，とても多くの動植物も存在している。(2)<u>あらゆる生物の生存で，地球上の大気，森林，海洋，河川，土壌，草原から離れることができるものがあるだろうか。</u>地球はあらゆる生物から構成されている複雑に錯綜し，密接に関係する自然生態システムであり，これこそが人類が生存を託せる基本的な環境である。

　　人類は文明の進行過程をずっと自然に対する征服と略奪によってきたが，人類を養育してくれた地球に対する保護と恩返しには思いを致してこなかった。(3)<u>わたしたち人間は輝かしい文明の成果を得ると同時に，自然に対する略奪はわたしたちが生存する地球を満身創痍にしてしまった。</u>人口の増加と生産活動の増大も環境に衝撃を与え，環境にプレッシャーをもたらした。

　　地球上の人類，生物と気候，土壌，水などの環境条件の間には複雑で錯綜した相互関係が存在しており，これはわたしたちの人体の各器官の間で平衡が保たれなければなら

ないのと同じである。考えてみるもいい，(4)わたしたち人間の体のどこかの器官が悪くなれば，苦痛は止むことはない。地球も同じで，一度生態バランスを失うと，いろいろよくない結果が生じてしまう。今，地球は多くの環境問題に直面しており，始終わたしたちの頭を悩ませている。

　親愛なる皆さん，あなたはまだ何をためらっているのだろうか。今から，あなたの手を差し伸べて，わたしの手を差し伸べて，一緒に環境を守り，環境を保護しようではないか。(5)一人一人が参加すれば，わたしたちの故郷はもっと美しくなるはずだとわたしは信じている。環境の保護は回避できない責任であることをしっかりと片時も忘れないようにしようではないか。

【解説】

(1) 日本語では「衣食住」と言いますが，中国語は"衣食住行"と"行"「交通」を加えて言います。

(2) "又"は反語文の中で用いられ，強調を表します。"又有哪一样…呢？"は「またどのような種類があろうか（あるはずがない）」という意味の反語表現です。

(3) "在…的同时"は「…と同時に」の意味です。"却"は「かえって」や「しかし」という逆接の意味を表す副詞です。"使得"は「ある結果を引き起こす」という使役の意味を表す動詞です。"满目疮痍 mǎnmù-chuāngyí"は「至るところ破壊の跡である」という意味の成語で，"疮痍满目"とも言います。

(4) "坏了，就会痛苦不已"のように［動詞（あるいは形容詞）＋"了"…，"就"（あるいは"便"）…］の形で，「…すると，すぐに…する」という意味を表します。

(5) "牢记"は「心に刻む」という意味です。"推卸责任"は「責任逃れをする」という常用の［動詞＋目的語］構造です。

<table>
<tr><td>練習問題
Ⅱ</td><td>中国語を聞き，その中から指定された5か所を漢字で書き取りなさい。　　　　　　　　　　　　　　　全文 DL13 DL19</td></tr>
</table>

☐ (1)　　　　　　　　　　　　　　　　　　　　　　　　DL14

☐ (2)　　　　　　　　　　　　　　　　　　　　　　　　DL15

☐ (3)　　　　　　　　　　　　　　　　　　　　　　　　DL16

☐ (4)　　　　　　　　　　　　　　　　　　　　　　　　DL17

☐ (5)　　　　　　　　　　　　　　　　　　　　　　　　DL18

解答

　　2021 年的暑假来了，这是我中考前的最后一个暑假，将是一个特殊的暑假。

　　这是一个没有长途旅行的暑假。往年，(1)我家都会提前筹划一次旅行，去亲眼看看课本里的名山大川和名胜古迹，体会不同风格的美景，品尝不同地域的美食，也是难得与爸妈共处的没有压力的亲子时光。今年妈妈工作忙走不开，我们家集体决策，就利用周末在广州周边小住两天，唯一的目的是放松一下情绪。

　　(2)这是我第一个可以正大光明玩儿游戏的暑假。以往，为了游戏这件事，我和爸妈会"斗智斗勇"。妈妈设置了多重密码，我则破解这些密码，然后就有了设置密码者和破解密码者都开不了机的尴尬结局。八年级学期结束，我跟爸妈进行了"谈判"，我终于明白了父母限制我玩儿游戏的缘由，他们也了解了我需要这种放松方式。于是我们共同制订了规则和时限，明确了权利和义务。(3)所以现在每天我都可以尽情地享受游戏的时光，真是前所未有的痛快。

　　这也是一个学习计划最周详的暑假。(4)往年，我常在开学前疯狂赶作业。今年不同了，放假前，学校就举行了初三的启动仪式，大家接收到了将要毕业的信号，都有好好利用暑假查漏补缺的想法。老师们利用远程工具分批布置作业并批改，我也安排了包括体能锻炼在内的自主学习计划，还会每周进行回顾和调整。

　　(5)这个暑假是特别的，也是有张有弛的，更是在为一年之后梦想的实现而储蓄能量。

日本語訳

　2021 年の夏休みがやってきた。これは僕の高校入試までの最後の夏休みで，特別な夏休みになるだろう。

　これは長距離旅行のない夏休みである。これまで，(1)我が家は事前に旅行を計画し，教科書に載っている景勝地や名所旧跡を見に行き，風格の異なる美しい景色を見たり，異なる地域のおいしい食べ物を味わってきたし，両親とともに過ごす，プレッシャーの

ない得難い親子の時間でもあった。今年，母は仕事が忙しくて行けないので，週末を利用して広州周辺で2日ほど泊まることを一家で決めた。唯一の目的は気分をリラックスさせることである。

　(2)これは僕が初めて正々堂々とゲームができる夏休みである。今まで，ゲームのことで僕は両親と「知恵と勇気を競い合って」きた。母は複数のパスワードを設定し，僕はこれらのパスワードを解読した。その後，暗号設定者と暗号解読者の双方ともゲーム機を起動できない膠着状態に陥ってしまった。中学2年生の学期が終わると，僕は両親と「談判」を行った。僕はついに両親がゲームをするのを制限する理由がわかった。両親も僕がこのリラックス方法を必要としていることを知った。そこで，僕たちは共同でルールと時間制限を決めて，権利と義務を明確にした。(3)だから今，毎日僕が思いっきりゲームの時間を楽しむことができるのは，本当に前代未聞のうれしさなのだ。

　これは学習計画が最も周到な夏休みでもある。(4)これまで，僕はしばしば学校が始まる前に狂ったように慌てて宿題をやっていた。今年は違って，休みに入る前に，学校は中3の始業式を行なった。みんなはもうすぐ卒業という知らせを受け取ると，夏休みをちゃんと利用して学習で抜けているところを調べて補おうとした。先生たちはオンラインで宿題を出し，間違いを直してくれる。僕も身体能力トレーニングを含む自主学習計画を立て，毎週反省と調整をするだろう。

　(5)この夏休みは特別のもので，緊張とリラックスの混ざったものでもあり，さらに1年後の夢の実現のためにエネルギーを蓄えるものでもある。

【解説】
(1)　"名山大川"は「有名な山や川，景勝の地」。"名胜古迹"は「名所旧跡」。
(2)　"正大光明"は「公明正大である」いう意味の成語で，"光明正大"とも言います。"斗智斗勇"は「知恵比べ」という意味です。
(3)　"前所未有"は「これまでなかった，前代未聞だ」という意味の成語です。
(4)　"赶作业"は「宿題を急いでやる」という意味です。"初三"は"初级中学三年级"（中学3年生）の略です。
(5)　"有张有弛"は"紧张"（緊張している）と"松弛 sōngchí"（リラックスしている）を"有"でつなげた言い方です。"为…而…"と呼応し，「…のために…する」という意味を表します。

中国語を聞き，その中から指定された 5 か所を漢字で書き取りなさい。

全文 DL20 DL26

☐ (1) DL21

☐ (2) DL22

☐ (3) DL23

☐ (4) DL24

2 書き取り

☐ (5) DL25

　　免疫力是人体自身的防御机制，是人体识别和消灭外来侵入的病毒、细菌的能力。

　　(1)人体的免疫力会随着年龄的增长而下降，免疫力和年龄是成反比的。50岁时的免疫力相当于30岁时的50%左右，而到70岁时，免疫力就只有20岁的20%。

　　免疫力低的最直接表现就是容易生病。经常患病，就会加重机体的消耗，所以一般会有(2)体质虚弱、营养不良、精神萎靡、疲乏无力、食欲降低、睡眠障碍等表现。长此以往，就会导致身体和智力发育不良，还容易诱发很多重大疾病。

　　提高免疫力的方法有很多，在此向您推荐几个简单容易做，在家里就能增强免疫力的方法，希望对您有所帮助。

　　首先是开怀一笑。研究表明，对生活抱有积极乐观态度的人，免疫系统要比消极的人更强大。(3)而当我们开怀大笑时，就会降低体内压力荷尔蒙的水平，并促进一种抗感染的白细胞，帮助我们提高免疫力。

　　其次是唱歌。有研究显示，(4)唱歌是呼吸肌在特定条件下的一种运动，好处不亚于跑步、游泳、划船等；不但可以提高抗体免疫球蛋白A的浓度，增加人体免疫细胞的数量，增加身体的免疫功能，还有助于增强记忆力、对抗癌症。

　　最后是下蹲。反复做下蹲动作，(5)可加快血液循环和新陈代谢，并能锻炼关节、骨骼及肌肉力量，增强身体的免疫功能，降低慢性病的发生率，让生命充满活力，还能减轻体重呢！

　免疫力は人体自身の防御システムであり、人体が外から入ってくるウイルスや細菌を識別し、消滅させる能力である。

　(1)人体の免疫力は年齢の増加に伴い下降し、免疫力と年齢は反比例するものである。50歳の時の免疫力は30歳の時の50%ほどに相当し、70歳の時には、免疫力は20歳の20%しかない。

免疫力が低いことの最も直接的な現れは，病気になりやすいことである。しょっちゅう病気に罹れば，生命体の消耗を増大する。それゆえ通常，(2)虚弱体質，栄養不良，活力減退，疲労無力感，食欲減退，睡眠障害などが起きる。これが長く続くと，身体と知力の発育不良を招き，多くの重大疾患を誘発しやすくもなる。

免疫力を高める方法はとても多い。ここであなたにいくつかの簡単でやりやすく，家で免疫力を強化できる方法を推薦しよう。あなたに役立つことを願っている。

まずは心から笑うことである。研究によると，生活に対して積極的で楽観的な態度をとっている人は，免疫力のシステムが消極的な人より強大であることが示されている。(3)わたしたちは心の底から大いに笑うと，体内のプレッシャー・ホルモンのレベルを下げ，感染を妨げる白血球を促進し，わたしたちが免疫力を高めるのに役立つ。

次は歌を歌うことである。ある研究によると，(4)歌を歌うことは呼吸筋の特定の条件下における一種の運動であり，その長所はジョギング，水泳，ボートを漕ぐことなどに劣らない。抗体免疫球蛋白質 A の濃度を高めることができるだけでなく，人体の免疫細胞の数を増やし，身体の免疫機能を増加し，記憶力を強化し，抗癌作用にも役立つ。

最後はしゃがむことである。しゃがむ動作を繰り返すと，(5)血液の循環と新陳代謝を早めることができ，関節や骨格および筋肉の力を鍛え，身体の免疫機能を強化し，慢性病の発生率を下げ，生命に活力をみなぎらせることができ，体重を減らすこともできるのだ。

【解説】

(1) "随着…而…" で「…に伴って，（そして）…する」という意味になります。

(2) "精神萎靡 wěimǐ" は「元気がなくなる」という意味です。

(3) "当…时" と呼応し，「…する時」という意味を表します。"开怀 kāihuái" は「心ゆくまで」の意。"白细胞" は「白血球」です。

(4) "亚于 yàyú" は「…に劣る」という意味です。

(5) "可" は後ろの "能" と同じく「…できる」の意を表す助動詞です。

中国語を聞き，その中から指定された５か所を漢字で書き取りなさい。

全文 <kbd>DL27</kbd> <kbd>DL33</kbd>

☐ (1) <kbd>DL28</kbd>

☐ (2) <kbd>DL29</kbd>

☐ (3) <kbd>DL30</kbd>

☐ (4) <kbd>DL31</kbd>

☐ (5) <kbd>DL32</kbd>

世界上到处都有快乐的人，但什么才是真正的快乐？

(1)最近，我读了一篇文章，里面说到几个年轻人找不到快乐，非常郁闷。一天，他们遇到了一位老人，老人说他知道快乐在哪儿。年轻人迫不及待地央求老人告诉他们快乐在哪儿。老人说，告诉他们可以，不过有一个条件，需要年轻人帮他做一艘船。(2)为了尽快知道快乐在哪儿，几个年轻人起早贪黑，非常勤快地劳动着。两周后，他们做好了船，也找到了快乐。

当我读完这篇文章时，对"快乐"也有了更多了解。快乐其实很简单，但也需要去付出代价。

快乐有很多定义，(3)不同的人对快乐的认知是不一样的。即使是同一个人，在不同年龄段对快乐的定义也会不同。譬如，有人觉得做自己喜欢的事就是快乐，如果喜欢在家，那么天天待在家里就是快乐。但我不这么认为，我认为通过不断努力达成目标、实现愿望才是快乐。

小朋友有小朋友的快乐，成年人有成年人的快乐。(4)小朋友受到呵护，被照顾得无微不至，还有很多好朋友一起玩儿、一起进步就是快乐。成年人的快乐也有很多种，做父母的看到子女成才会觉得快乐，做爷爷奶奶的有晚辈的孝顺会感到快乐，做哥哥姐姐的学业有成也会感到快乐……

总而言之，不断努力学习是快乐，(5)拼搏奋斗是快乐，踏实工作是快乐，同时，爱和被爱，获得与付出，也是快乐。

世界にはどこにも快楽を享受する人がいるが，何が本当の快楽だろうか。

(1)最近，わたしはある文章を読んだ。そこに書いてあるのは，何人かの若者が快楽を見つけることができず，とてもふさいでいるという話である。ある日，彼らは一人の老人に出会った。自分は快楽がどこにあるかを知っていると，老人は言った。若者は老人に快楽はどこにあるのかを教えてくれるようせっついて頼んだ。老人は，「教えるのはかまわないが，一つの条件がある」と言った。それは若者が自分のために１艘の船を造るというものであった。(2)快楽がどこにあるかを早く知るために，数人の若者は朝早くから夜遅くまで，とても勤勉に働いた。2週間後，彼らは船を造り終わり，快楽もさがしあてた。

わたしはこの文章を読み終わった時、「快楽」についてももっと多くのこと知った。快楽は本当はとても簡単だが、代価を払わねばならない。

快楽にはたくさんの定義があり、(3)人によって快楽に対する認識は違ったものである。たとえ同じ人であっても、異なる年齢の時期では快楽に対する定義も違ってくる。たとえば、ある人は自分が好きなことをすることが快楽であると感じる。もし家にいるのが好きなら、毎日家にいることが快楽なのだ。しかしわたしはそうは思わない、わたしは絶えず努力して目的を達成し、願いを叶えてこそ快楽だと考える。

子供には子供の快楽があり、大人には大人の快楽がある。(4)子供は保護され、至れり尽くせりに世話され、多くの友達と遊び、共に進歩することが快楽である。大人の快楽も多くの種類があり、親は子供が役に立つ人物になるのを目にしてこそ快楽を感じる。祖父母は子や孫たちが孝行してくれることで快楽を感じる。兄や姉たちも学校の成績が上がれば快楽を感じる。

要するに、絶えず学ぶことが快楽であり、(5)懸命に奮闘することが快楽であり、着実に働くことが快楽である。それと同時に、愛することと愛されること、得ることと与えることも快楽なのである。

【解説】

(1) "郁闷 yùmèn" は「気がふさぐ」の意です。

(2) "起早贪黑" は「早く起きて夜遅く寝る」という意味の成語です。"勤快 qínkuai" は「精を出す、まめである」という意味です。

(3) "认知" は「認知する、認識する」という意味です。"即使…也…" は「たとえ…でも…」という意味を表す複文を構成します。

(4) "呵护 hēhù" は「保護する、庇護する」の意を表す動詞です。"无微不至 wúwēi-búzhì" は「とても細やかで行き届いている」という意味の成語です。

(5) "拼搏 pīnbó" は「懸命に奮闘する」という意味の動詞です。"踏实 tāshi" は「着実である」という意味の形容詞です。

中国語検定
準1級模擬試験問題

試験時間　120分
200点満点

* リスニング試験は，音声を聞きながら解答してください。
* 合格基準点は，リスニング75点・筆記75点です。解答し
終えたら自己採点してみましょう。

リスニング

1 中国語を聞き，(1)〜(10)の問いの答えとして最も適当なものを，①〜④の中から1つ選びなさい。 (5点×10)

□ (1) DL34

　　　　① 　　　　② 　　　　③ 　　　　④

□ (2)

　　　　① 　　　　② 　　　　③ 　　　　④

□ (3)

　　　　① 　　　　② 　　　　③ 　　　　④

□ (4)

　　　　① 　　　　② 　　　　③ 　　　　④

□ (5)

　　　　① 　　　　② 　　　　③ 　　　　④

□ (6) DL35

　　　　① 　　　　② 　　　　③ 　　　　④

□ (7)

　　　　① 　　　　② 　　　　③ 　　　　④

□ (8)

　　　　① 　　　　② 　　　　③ 　　　　④

□ (9)

　　　　① 　　　　② 　　　　③ 　　　　④

□ (10)

　　　　① 　　　　② 　　　　③ 　　　　④

② 中国語を聞き，その中から指定された5か所を漢字で書き取りなさい。

(5点×10)

DL36

筆 記

1 次の文章を読み，(1)～(10)の問いの答えとして最も適当なものを，①～④
の中から1つ選びなさい。

(2点×10)

　　我曾经是一个非常内向的人。表现之一，就是害怕在众人面前讲话，每
次上讲台都像受刑。我会结巴，忘词，面红耳赤，紧张到　(1)　。因为焦虑，
我想学心理学，于是读了师范学校。但在师范学校，我又经常为将来某一天
可能站上讲台而焦虑万分。

　　我就在这种焦虑中(2)浑浑噩噩地度过了我的大学生涯。研二时，某所成
人大学要找一个研究生做兼职的心理学教师，教变态心理学。我那时候很缺
钱，犹豫了很久，一狠心，就把活儿应承了下来。

　　几乎从应承下来的那一刻起，我就后悔了。我一连做了好几天噩梦，梦
见自己站在讲台上，　(3)　之下，手足无措。我也尝试过进行一些积极点儿
的想象，比如想象某个女生会在课堂上冲我抛　(4)　，但是没用。

　　"审判"的那天终于来了。我早早来到教室，整理好教案，擦好黑板。
当站到讲台前的时候，我忽然觉得很自信。可能是因为认真备了课，我对自
己要讲的内容　(5)　，当然也可能是因为讲台下　(6)　只坐了五个学生，
他们还自顾自地玩儿手机——这和我想象中有千万双眼睛盯着我的场景，差
别实在太大了。

　　我短暂的教学生涯就从教这五个学生开始了。我开始学习在众人面前讲
话，开始逐渐积累一些成功经验，并慢慢喜欢上了教学。后来我成了一名教
师，我不再害怕学生的目光，　(7)　，能够把他们的目光从手机上吸引过来，
会让我觉得有成就感。知识分子内心大都渴望有一个讲台，能分享自己的知
识和观点，况且我和学生分享的还是没有专业壁垒的心理成长和幸福之道。

　　以我的经验，改变是无法凭空发生的。真正有效的改变，需要在那些令
你害怕的领域中建立自己的优势。我的优势在于，我总是试图把　(8)　书上
或学术文章中读到的知识，　(8)　真实的生活联系起来，思考它们　(8)　人
生的指导意义，并　(8)　思考的结果分享给大家。是分享的欲望，帮我克服
了当众讲话的恐惧。

但是，我并没有真的变得外向。当我在马路上偶遇领导或其他重要人物时，仍然会紧张得 (9) ，并且无一例外地会忽然忘了他们的姓名。在这方面我没能再找到我自己的优势，所以，也只好随它去了。

□ (1)　空欄(1)を埋めるのに適当なものはどれか。

① 不知所措　　② 不自量力　　③ 不足为奇　　④ 不择手段

□ (2)　下線部(2)の正しいピンイン表記はどれか。

① yūnyūn'èè　　② yùnyùn'éé　　③ hūnhūn'èè　　④ húnhún'èè

□ (3)　空欄(3)を埋めるのに適当なものはどれか。

① 众望所归　　② 众目睽睽　　③ 众口难调　　④ 众矢之的

□ (4)　空欄(4)を埋めるのに適当なものはどれか。

① 眼珠　　　　② 眼光　　　　③ 媚眼　　　　④ 红眼

□ (5)　空欄(5)を埋めるのに適当なものはどれか。

① 了如指掌　　② 知己知彼　　③ 不得而知　　④ 似懂非懂

□ (6)　空欄(6)を埋めるのに適当なものはどれか。

① 密密麻麻　　② 拖拖拉拉　　③ 模模糊糊　　④ 稀稀拉拉

□ (7)　空欄(7)を埋めるのに適当なものはどれか。

① 相反　　　　② 从而　　　　③ 于是　　　　④ 然而

□ (8)　4か所の空欄(8)を埋めるのに適当なものはどれか。

① 从…和…对…把

② 对…从…和…把

③ 和…对…把…从

④ 把…和…对…从

□ (9)　空欄(9)を埋めるのに適当なものはどれか。

① 手舞足蹈　　② 手足无措　　③ 手到擒来　　④ 手无寸铁

□ (10) 本文の内容と一致しないものはどれか。

① 我本来是一个寡言少语的人，有时还会有口吃。

② 我的专业跟所有学生的需求都没有严格的界限。

③ 我相信自己一定会在与人交往中变成一个外向的人。

④ 我的教学经验是知识要与实际相结合，避讳空谈。

2 (1)～(10)の中国語の空欄を埋めるのに最も適当なものを，①～④の中から
1つ選びなさい。
(2点×10)

□ (1) 这项工程事关重大，主要领导要负责（　　　　）。

① 把守　　　　② 把关　　　　③ 把门　　　　④ 把戏

□ (2) 还没说上几句话，他就跟我（　　　　）了。

① 翻脸　　　　② 翻盘　　　　③ 翻身　　　　④ 翻案

□ (3) 在我方一再追问下，对方理屈词穷，场面十分（　　　　）。

① 愧疚　　　　② 尴尬　　　　③ 腼腆　　　　④ 隔阂

□ (4) 最近，新闻媒体几乎都（　　　　）于保护农民工权益的问题上了。

① 焦点　　　　② 焦距　　　　③ 聚集　　　　④ 聚焦

□ (5) 我（　　　　）长出翅膀来一下子飞到老家去。

① 冷不防　　　② 走着瞧　　　③ 恨不得　　　④ 谈不上

□ (6) 我们都感到（　　　　），他们到底想干什么？

① 带劲儿　　　② 较劲儿　　　③ 解闷儿　　　④ 纳闷儿

□ (7) 如果能赢得（　　　　）的话，以后的事情就会顺利了。

① 开门红　　　② 开绿灯　　　③ 开场白　　　④ 开小差

□ (8) 赵先生年龄大了，做事经常（　　　　）的。

① 十全十美　　② 丢三落四　　③ 五体投地　　④ 七嘴八舌

□ (9) 尽管他没有被指控，但人们总会说（　　　　　　　　　）。

　　① 睁眼说瞎话　　　　　　② 无风不起浪

　　③ 人不可貌相　　　　　　④ 墙倒众人推

□ (10) 学外语要持之以恒，如果（　　　　　　　　　），就将一事无成。

　　① 高不成，低不就　　　　② 吃一堑，长一智

　　③ 三天打鱼，两天晒网　　④ 有则改之，无则加勉

3 (1)～(8)の中国語の下線部の説明として最も適当なものを，①～④の中から1つ選びなさい。
　　　　　　　　　　　　　　　　　　　　　　　　　　　　　　（2点×8）

□ (1) 我不会说话，去了准碰<u>钉子</u>，还是换个口齿伶俐的吧。

　　① 比喻不善表达，有苦难言。

　　② 比喻连说带笑，让人愉悦。

　　③ 比喻遭到拒绝，受到斥责。

　　④ 比喻恶毒攻击，使人难堪。

□ (2) 事情已经过去了，现在放<u>马后炮</u>还有什么意思?

　　① 比喻在背后说三道四的言论。

　　② 比喻很有威胁的行动或言论。

　　③ 比喻令人失望的措施或言论。

　　④ 比喻不够及时的行动或言论。

□ (3) 老张这些年来干一行爱一行，从来不<u>三心二意</u>的。

　　① 形容意志坚定，爱憎分明。

　　② 形容专心致志，毫无杂念。

　　③ 形容为人正直，说话不虚伪。

　　④ 形容犹豫不决，用心不专一。

□ (4) 熟悉他的人背地里都偷偷地叫他<u>笑面虎</u>。

　　① 指喜欢带头闹事，惹事生非的人。

② 指外貌装得善良而内心凶狠的人。

③ 指既心地善良又有威武气概的人。

④ 指表面严厉而心地非常善良的人。

□ (5) 她这一身打扮和行为举止，引起了不少邻居的<u>风言风语</u>。

　　① 指背后说谎话。

　　② 指当面表扬人。

　　③ 指私下里议论。

　　④ 指到处开玩笑。

□ (6) 除夕之夜，全家人欢聚一堂，共享<u>天伦之乐</u>。

　　① 指春节回老家过年的气氛。

　　② 指亲朋好友一起吃年夜饭。

　　③ 指全家人一起出游的快乐。

　　④ 指家庭中亲热团聚的欢乐。

□ (7) 你这样做，对他来说简直是<u>雪上加霜</u>啊！

　　① 比喻一再遭受灾害，苦上加苦。

　　② 比喻品行纯洁，没有污点的人。

　　③ 比喻用恶毒的话语攻击陷害别人。

　　④ 比喻在别人急需的时候给予帮助。

□ (8) 这种事已有<u>前车之鉴</u>，我们要小心。

　　① 指应该了解过去失败的所有原因。

　　② 指鉴别文物时，须避免急躁情绪。

　　③ 指以往的失败，后来可以当作教训。

　　④ 指历史上从来没有发生过的事情。

4 次の文章を読み，ピンイン表記の語句(a)・(b)を漢字（簡体字）に改め，下
線部(1)・(2)を日本語に訳しなさい。 ((a)・(b)各2点，(1)・(2)各8点)

时间如流水一样，我在中国留学差不多三年了。来中国后，我去过迷人
的内蒙古大草原，到过有名的北京茶馆，并且还吃了不少美味的中国菜，在
匆匆掠影中找寻中国的特色。

高一那年，学校组织我们去了内蒙古，那里的景色很迷人，(1)入夜的时
候天空幽蓝幽蓝的，无数的星星像点点晶莹的玉石，在夜空一闪一闪，引人
遐思。那里的房子叫蒙古包，这种建筑的优点是便于拆迁。蒙古包里面的使
用面积很大，采光也好，冬暖夏凉。刚刚了解他们一点点生活，我就生出(a)
xiànmù 向往之心。

高二时学铰还组织我们去了北京的茶馆，一提起茶馆，(2)我以为都是那
种安静的几个人悠闲地坐在那里品茶的情景，谁知我们去的茶馆里边却是人
头攒动，欢歌笑语。我们在那里看了几个地道的特技表演，其中最神奇的是
京剧和倒茶表演，表演者敏捷而精准的倒茶功夫真让人(b)pāi'àn jiàojué。

在中国匆匆掠影般的游览经历，给我枯燥的留学生活增添了如草原般的
清新绿色，真是一件开心的事情。

5 (1)・(2)の日本語を中国語に訳しなさい。また，(3)の指示に従って中国語で
文章を書きなさい。 (8点×3)

□ (1) 夜が明ける前，朝刊を取りに出たら，路上での人々が挨拶を交わしてい
る。寒の入りは冷え込み，「おはようございます」が白い息になって吐
き出される。「息」という字が，自分の「自」と「心」を組み合わせた
形なのにふと気づく。

□ (2) コロナ後の経済社会は先行きが読めない。各国政府は感染症対策と経済
活動のバランスを探り，企業は事業継続や再構築に悩んでいる。こうし
た状況下で新しい価値を生むのは，想像力と創造性を持つ人間以外にな
い。

□ (3) 「ユーモア」について，次の3つの語句をすべて使用して50字以上80字以内で書きなさい。

※使用した語句には下線を引くこと。

句読点も1字と数えます。文頭を2マス空ける必要はありません。

"语言艺术"　"发笑"　"幽默感"

模擬試験　解答

リスニング

1 (1)〜(5)

DL34

全文

　　中暑是在夏季三伏天常见的一种疾病表现，在高热潮湿的环境情况下更容易发生，轻者可能有头晕、无力、呕吐等表现，重者可出现痉挛、晕厥、休克等症状。如果发现或者处置不及时，可能导致严重的不良后果。因此，对中暑决不能掉以轻心。

　　正常人体体温波动范围很窄，构成人体的细胞只有在 37 摄氏度左右才能存活并发挥正常的生理功能。人体高温持续 42 摄氏度以上不退时，就会导致脏器功能衰竭、细胞坏死等严重后果。

　　中暑的主要致病原因就是由于人体的散热机能出现障碍，难以正常调节体温，致使体温不断升高。因此，治疗中暑病人的核心原则就是快速降温。

　　一旦发生中暑，应迅速脱离高温、高湿、日晒环境，到阴凉处、通风处静卧，避免高强度运动和重体力劳动，有条件的要将病人置于空调环境，尽量脱掉衣物以帮助散热。对神志清楚、无吞咽困难者需要及时补充含盐的清凉饮料，如淡盐水、冷西瓜水、绿豆汤等。

　　高温中暑重在预防。如在户外高温环境下长时间工作的人员，需要改善高温、高湿的作业条件，加强隔热、通风、遮阳等降温措施。老年人或体弱多病的人外出时尤其要注意遮挡日晒，适当多喝含盐清凉饮料。另外，还要注意饮食和休息。休息不足、疲劳和饥饿条件下也容易发生中暑。

日本語訳

　　暑気あたりは夏の三伏によくある疾病であり，高温多湿の環境下で起こりやすい。軽い場合はめまい，脱力感，吐き気などの症状があり，重い場合は痙攣，卒倒，ショックなどの症状を起こす。発見や処置が遅れた場合は，深刻な結果をもたらす可能性がある。それゆえ，暑気あたりを決して甘く見てはならない。

　　正常な人間の体温の変動範囲はとても狭く，人体を構成する細胞は摂氏 37 度前後に

おいてのみ生存して，正常な生理機能を発揮することができる。人体は摂氏42度以上の高温が続いて下がらない場合には，臓器機能が疲弊し，細胞壊死などの深刻な結果をもたらすことになる。

　暑気あたりの主な原因は人体の放熱機能に障害が発生し，正常に体温を調節するのが難しくなり，体温を絶えず上昇させてしまうことにある。それゆえ，暑気あたりの病人を治療するコア原則は早く体温を下げることにほかならない。

　暑気あたりが起きたら，ただちに高温，多湿，日射の環境から離れて，日陰の涼しいところや風通しのよいところに行って静かに横になり，激しい運動や強度の肉体労働を避けるべきである。条件が整っていれば，病人をエアコンのある環境に置いて，なるべく衣類を脱がせて熱を逃がさなければならない。意識がはっきりしていて嚥下が困難でない人には，ただちに淡塩水，冷やしたスイカの汁，緑豆のスープなどの塩分を含む清涼飲料を補充してやる必要がある。

　高温による暑気あたりは予防が重要である。戸外の高温の環境下で長時間働いている人は高温多湿の作業環境を改善し，熱を遮断し，風通しをよくし，日射を遮断するなどの温度を下げる措置を強化する必要がある。老齢者や虚弱体質で病気がちな人は外出する時には特に日射を遮ることに注意し，塩分を含む清涼飲料を多めに摂ることに注意する必要がある。また，飲食と休息にも注意する必要がある。休息が不足したり，疲労や空腹の条件下でも暑気あたりを起こしやすいのである。

[解答]

(1) 在什么环境下容易发生中暑?
　　どのような環境の下で暑気あたりは起こりやすいか。

　　① 常见于人体高温达到40度以上时。
　　　人体が40度以上の高温に達した時によく起こる。

　　② 常见于身体无力、头晕、呕吐时。
　　　脱力感があり，めまい，吐き気がする時によく起こる。

　　❸ 多见于夏季高温、潮湿的环境。
　　　夏の高温多湿の環境で多く起こる。

　　④ 多见于夏季高温、干燥的环境。
　　　夏の高温で乾燥した環境で多く起こる。

　　▶ 最初の段落にある"中暑是在夏季三伏天常见的一种疾病表现，在高热潮湿的环境情况下更容易发生"を聞き取り，③を選びます。

(2) 人体出现中暑症状的主要原因是什么?

人体に暑気あたりの症状が起こる主な原因は何か。

① 是因为人体出现痉挛、晕厥、休克等症状。
人体に痙攣，卒倒，ショックなどの症状が現れるからである。

❷ **是因为散热环节出现障碍，使体温不断升高。**
放熱循環機能に障害が起こり，体温を絶えず上昇させるからである。

③ 是因为各种脏器功能衰竭，使体温不断升高。
いろいろな臓器の機能が衰え，体温を絶えず上昇させるからである。

④ 是因为散热环节出现障碍，导致体温快速下降。
放熱循環機能に障害が起こり，体温を急激に下げるからである。

▶ 第3段落の"中暑的主要致病原因就是由于人体的散热机能出现障碍，难以正常调节体温，致使体温不断升高。"から②を選びます。

(3) 中暑了该怎么办?
暑気あたりになったらどうすべきか。

① 应该让中暑者迅速做一些轻微的运动。
暑気あたりになった人にただちに軽い運動をさせるべきである。

② 应该让中暑者多喝热茶、以补充营养。
暑気あたりになった人に熱いお茶を飲ませて，栄養を補給するべきである。

③ 应该马上叫救护车、送到医院去治疗。
すぐに救急車を呼び，病院に運び治療すべきである。

❹ **应该马上脱离高温、高湿、日晒环境。**
すぐに高温，多湿，日射の環境から離れるべきである。

▶ 第4段落の"一旦发生中暑，应迅速脱离高温、高湿、日晒环境"から④を選びます。

(4) 外出时应该怎样预防中暑?
外出する時には，どのようにして暑気あたりを予防するべきか。

① 注意遮挡日晒，适当多吃营养丰富的食物。
日射を遮ることに注意し，栄養豊富な食物を適度に多く摂る。

❷ **注意遮挡日晒，适当多喝含盐的清凉饮料。**
日射を遮るように留意し，塩分を含む清涼飲料を多めに飲む。

③ 注意劳逸结合，三伏天还要随时测量体温。
労働と休養のバランスを取ることに注意し，三伏の時には随時体温を測ることも必要である。

④ 注意劳逸结合，尤其不能让身体感到疲劳。
労働と休養のバランスを取ることに留意し，特に体に疲労感を感じさせてはならない。

▶ 第5段落の"外出时尤其要注意遮挡日晒，适当多喝含盐清凉饮料"から②を選びます。

(5) 与本文内容不相符的是以下哪一项？
本文の内容に合わないものは，次のどれか。

① 喝绿豆汤有助于缓解中暑的症状。
緑豆のスープを飲むことは暑気あたりの症状を緩和するのに役立つ。

② 疲劳和饥饿条件下容易发生中暑。
疲労と空腹の状態では暑気あたりが起こりやすい。

❸ 三伏天一般不容易出现中暑现象。
三伏の時にはふつう暑気あたり現象は起こりにくい。

④ 中暑者高温不退，会有生命危险。
暑気あたり患者は高熱が下がらなければ，生命に危険を及ぼす。

▶ 第4段落に"对神志清楚、无吞咽困难者需要及时补充含盐的清凉饮料，如淡盐水、冷西瓜水、绿豆汤等"とありますから，①は除外されます。本文末尾に"疲劳和饥饿条件下也容易发生中暑"とありますから，②も除外されます。第1段落に，"如果发现或者处置不及时，可能导致严重的不良后果"とありますから，④も除外されます。最初の段落に"中暑是在夏季三伏天常见的一种疾病表现"とありますので，③が正解です。

1 (6)～(10)　　　　　　　　　　　　　　　　　　　　　DL35

全文

　现代社会，弄得人做什么事都显得很急躁。我们不难看到，现在能踏实地坐在地铁里看书的人已经很少，更多的人喜欢看手机。记得多年前，路边有很多报刊亭，包括地铁里，人们上下班习惯买一份报纸打发时间。我以为，人们在从报纸上获得信息的同时，也一定想寻求片刻的宁静。

　宁静也好，安静也罢，这需要时间，也需要内心的修炼。我到过西安多次，有朋友说，你身体一直欠安，不妨到终南山里小住时日，说不定会自动修复呢！我相信人和大自然的结合，能够出现意想不到的奇迹。但就绝大多

数人来说，谁能放下工作和家庭去山里住上一年半载呐！我高中的同学陆续退休，他们的日常生活就是帮助子女带孩子、去幼儿园、去小学。然后就是拉着小车一趟一趟去菜市场、去商场、去医院，每天走路没有少于一万步的。

　　在生活中，有很多事情是需要等待的。记得在婚前，我相亲见了很多女孩儿，但都以各种理由告吹。就在我焦急不安中，看到冰心先生与一个作家的谈话。冰心说，婚姻这事不要找，要等。我理解，冰心先生说的这个"等"，是等待缘分，勉强不得。当下，有许多大龄男女，他们的长相、学历、职业、收入都很好，可就是不结婚。我问过其中一些人，原因究竟何在？他们说，现在的生活节奏太快，每天过着朝九晚五的日子，活着太累。一个人尚且如此，如果是两个人，再加上孩子、老人，很难想象。我说，我们这一代人的父母，大都要生养三五个孩子，他们不也是熬过来了吗？年轻的朋友说，我们可不愿过那样的日子，我们宁可等待婚姻，或者说没有婚姻，也不能熬着过日子。

（日本語訳）

　現代社会は人は何をするにしてもせっかちに見える。現在，地下鉄にじっくり座り本を読むことができる人はもうとても少なくなっており，より多くの人はスマホを見るのが好きであることをよく目にする。何年も前には道端に多くの新聞雑誌販売スタンドがあり，地下鉄の中でも人々は出退勤の時に新聞を買い時間をつぶすのが習慣であったはずだ。人々は新聞から情報を得ると同時に，きっとひと時の安らぎを求めようとしたのだと思う。

　安らぎであろうと，静かさであろうと，時間を必要とし，内心の修練も必要である。わたしは西安に何度も行ったことがある。ある友人が，「君は体の具合がずっとよくないから，終南山に来て数日滞在したらいいよ。そうすれば自然に回復するかも知れないよ」と言った。わたしは人と大自然の結びつきは思いがけない奇跡を起こすことができると信じている。しかし大多数の人にとっては，仕事や家庭を捨てて山に行って１年や半年住むことなどできないだろう。わたしの高校の同級生は次々と定年退職した。彼らの日常生活は子供を手伝って孫を幼稚園や小学校に連れて行くことだ。その後，ショッピングカーを引いて市場やマーケットや病院に行くことである。毎日歩く距離は１万歩を下らない。

　生活において，多くのことは待つことを必要とする。結婚前，わたしはたくさんの女の子と見合いしたが，みないろいろな理由で破談になった。わたしは焦りと不安を感じ

ていた時，氷心先生とある作家の対談を読んだことがある。氷心は結婚というのはさがしてはならず，待たなくてはいけないものなのだと言っていた。わたしは氷心先生が言うこの「待つ」は，縁を待って，無理をしてはいけないということだと理解した。現在，適齢期を過ぎても未婚の男女がたくさんいる。彼らの容貌，学歴，職業，収入はいずれも優れているが，結婚していない。わたしはその内の何人かに原因はどこにあるのか尋ねたことがある。彼らは今の生活はテンポが速すぎて，毎日朝9時から夜5時まで勤務する日々で，とても疲れると言っている。1人でもこうなのだから，2人だったり，さらに子供，年寄りが加われば，想像しがたいものがある。わたしたちと同世代の親たちは，だいたい3人から5人の子供を育て，がんばってきたのではないだろうか。若い友人は，自分たちはそんな生活はしたくない，結婚を待ったとしても，あるいは結婚しなくても，我慢した生活を送るわけにはいかないと言っている。

解答

(6) 多年前人们在报刊亭买报纸的目的是什么？
何年も前には人々が新聞雑誌販売スタンドで新聞を買う目的は何だったのか。

❶ **既是为了获取信息，也是在寻求一时的安宁。**
情報を得るためでもあり，ひと時の安らぎを求めてもいた。

② 既能够获取信息，又能打发在地铁里的时间。
情報を得ることもできるし，地下鉄の中で時間をつぶすこともできる。

③ 可以踏踏实实地坐在地铁里享受阅读的时光。
じっくりと地下鉄の中に座って読む時間を楽しむことができる。

④ 可以避免乘坐地铁时因拥挤带来的心情烦躁。
地下鉄に乗った時に混雑によってもたらされる気持ちの苛立ちから逃れることができる。

▶ 第1段落に"记得多年前，路边有很多报刊亭，包括地铁里，人们上下班习惯买一份报纸打发时间。我以为，人们在从报纸上获得信息的同时，也一定想寻求片刻的宁静"とありますから，①が正解です。

(7) 我高中的同学为什么每天走路都不少于一万步？
わたしの高校の同級生はなぜ毎日1万歩以上歩くのか。

① 因为幼儿园和小学都在山里，很偏僻。
幼稚園や小学校がみな山の中にあり，とても辺鄙だから。

② 因为从他们家里到终南山距离非常远。
彼らの家から終南山までは距離がとても遠いから。

③ 因为每天不仅要去上学，还要去医院。
　　毎日通学しなければならないだけでなく，病院へも行かなくてはならないから。

❹ **因为他们每天要看孩子，还要去购物。**
　　彼らは毎日子供の面倒を見たり，買い物に行ったりしなければならないから。

▶ 第2段落にある"他们的日常生活就是帮助子女带孩子、去幼儿园、去小学。然后就是拉着小车一趟一趟去菜市场、去商场、去医院，每天走路没有少于一万步的"から④を選びます。

(8) 现在一些大龄青年不结婚的原因是什么？
　　現在，一部の適齢期を過ぎた青年たちが結婚しない原因は何か。

① 是因为需要等待长相、学历、职业和收入都好的人。
　　容貌，学歴，職業，収入いずれもがよい人を待つ必要があるから。

② 是因为找不到长相、学历、职业、收入都满意的人。
　　容貌，学歴，職業，収入ともに満足のいく人を見つけられないから。

③ 是因为每天早上九点上班，还经常有加班，太辛苦。
　　毎朝9時に出勤し，しょっちゅう残業もして，とてもたいへんだから。

❹ **是因为每天八小时工作，生活节奏太快，觉得很累。**
　　毎日8時間働き，生活のテンポが速すぎて，とても疲れると感じているから。

▶ 第3段落にある"现在的生活节奏太快，每天过着朝九晚五的日子，活着太累"から④を選びます。

(9) 哪一代人大都生养三到五个孩子？
　　どの年代の人がだいたい3人から5人の子供を育てたか。

① 作者和他的同学那一代人。　　筆者と彼の友人の世代。

❷ **作者的父母那一代人。**　　　筆者の親の世代。

③ 当下的一部分年轻人。　　　現在の一部の若い人。

④ 住在农村或山里的人。　　　農村や山の中に住んでいる人。

▶ 第3段落にある"我们这一代人的父母，大都要生养三五个孩子"から②を選びます。

(10) 与本文内容相符的是以下哪一项？
　　本文の内容と一致するものは，次のどれか。

① 作者是一位对婚姻和家庭颇有研究的年轻作家。

筆者は結婚や家庭について深く考察している若い作家である。

② 作者和他的妻子就是通过相亲而结识并结婚的。
筆者と彼の妻は見合いをして知り合い，結婚した。

③ 现在的年轻人边工作，边带孩子，日子很艰难。
今の若い人は働きながら子供を育てており，生活がたいへんである。

❹ 著名作家冰心主张婚姻不是刻意的，要等缘分。
著名な作家氷心は結婚は意図的なものではなく，縁を待たなくてはならないと
主張している。

▶ 第2段落にある "我高中的同学陆续退休" から，筆者はかなり年齢が高いこ
とがわかるので，①は除外されます。第3段落の初めのほうに "我相亲见了
很多女孩儿，但都以各种理由告吹" とありますから，②も除外されます。本
文では今の若い人は結婚しないと言っているので，③は一致しません。第3
段落に "冰心说，婚姻这事不要找，要等。我理解，冰心先生说的这个 "等"，
是等待缘分" とありますから，④が正解です。

---

2 DL36

全文

　小时候，家在偏僻乡村。我非常喜欢读书，但家里一本书都没有，这是
我童年最大的烦恼。

　(1)上小学四年级的时候，在省城上初中的表哥回老家，给我带回了几本
《故事会》。哎呀，可把我高兴坏了，真是如获至宝啊！我里三层外三层地把
它们包好，藏到家里阁楼上的粮食柜子里。然后小心翼翼取出最早一期，轻
轻翻开，里面的故事瞬间吸引了我。

　可我不敢让妈妈和奶奶看见我看书。(2)因为我有个表姐，特别喜欢看书，
亲戚们不止一次嘲笑她是个 "书呆子"。当时的家庭情况也不允许我看书，
妈妈每天安排很多活儿让我做。后来我找到了一个绝佳的场所，不会有人打
扰，也不会有人看见，那就是 —— 厕所。

　虽然故事很精彩，但是我读得非常非常之慢，因为生怕马上读完了就没
有书读了。直到现在，我的阅读速度还是很慢，就是那时养成的习惯。

　有一年快过年了，我对爸爸说："爸爸，今年过年的新衣服我不要了，

可以换成一本词典吗？"常年不在家的爸爸很惊讶，(3)<u>他内疚地抚摸着我的</u>
<u>头</u>说："过年，既让你穿上新衣，也让你有自己的词典。"

因此，专属于我的第一本"书"，便是一本厚厚的《现代汉语词典》。我
从第一页开始一页一页看，(4)<u>从中学习了很多新奇的词语和成语</u>。那本词典，
陪我度过了渴望阅读的童年时代。

现在，家里最多的就是书，我可以慢慢品读。虽然阅读速度慢，但俗话
说：不怕慢，就怕站。这么多年的慢阅读让我体验到很多别样的幸福滋味。
(5)<u>每当捧起书，我总会立刻安静下来，长久地投入到书里，开启一段长长的</u>
<u>精神旅行。</u>

日本語訳

子供のころ，我が家は辺鄙な村にあった。わたしは読書がとても好きだったが，家に
は 1 冊の本もなかった。このことはわたしの子供のころの最大の悩みであった。

(1)<u>小学 4 年生の時，省都で中学に通っている従兄が実家に帰って来て，わたしに数</u>
<u>冊の『故事会』を持って来てくれた。</u>わあ，わたしはすごく喜んだ。本当に宝物を手に
したようだった。何重にも本を包み，屋根裏部屋の食料棚の中にしまっておいた。その
後，注意深く最新号を取り出して，そっとページをめくると，本の中の物語が瞬時にわ
たしを引き付けた。

しかしわたしは母や祖母にわたしが本を読んでいるのを見られるのが怖かった。
(2)<u>というのは，わたしのある従姉はとても読書好きで，親戚の人たちは彼女を「本の</u>
<u>虫」だと何度もからかっていたからだ。</u>当時の家庭の事情もわたしが本を読むことを許
さなかった。母は毎日わたしにたくさん仕事を割り当てた。後にわたしは一番いい場所
を見つけた。誰にも邪魔されることなく，誰にも見られることのない場所，それはトイ
レだ。

物語はとても面白かったが，わたしは読むのがとても遅かった。というのは，すぐに
読み終わってしまったら，ほかに読む本がなくなるからだ。今でもわたしの読む速度が
とても遅いのは，そのころついた習慣にほかならないのである。

ある年の年末，わたしは父に「お父さん，今年の正月の新しい服はいらないから，そ
の代わりに辞典を 1 冊買って」と言った。いつも家にいない父はとても驚き，(3)<u>後ろ</u>
<u>めたそうにわたしの頭を撫でて「正月にはお前に新しい服も着せてやるし，自分の辞典</u>
<u>も持たせてやるよ」と言った。</u>

だから，わたし専属の最初の「本」はほかでもない，1 冊のとても厚い『現代漢語詞典』

であった。わたしは第1頁から1頁ごとに読んでいき，(4)その中からたくさんの語句と成語を学んだ。この辞典は読書を渇望していた子供時代にわたしに付き添ってくれた。

　現在，家の中で一番多いものはほかでもない本である。わたしはゆっくり読書を満喫することができる。読む速度は遅いが，「遅いことを恐れず，止まってしまうことを恐れる」とことわざにも言うように，多年にわたるゆっくりした読書はわたしに特別な幸せをたくさん味わわせてくれた。(5)本を抱える度に，わたしはいつもすぐに心が静まり，長く本の中に没頭し，長い心の旅行へと出かけるのである。

1

(1)　❶ 不知所措 bùzhī-suǒcuò　　② 不自量力 búzìliànglì

　　③ 不足为奇 bùzúwéiqí　　④ 不择手段 bùzé-shǒuduàn

　▶①は「どうしたらよいかわからない」, ②は「身のほどを知らない」, ③は「何ら珍しくない」, ④は「手段を選ばない」という意味です。ここでは緊張の結果を表す①を選びます。

(2)　① yūnyūn'èè　　② yùnyùn'éé　　③ hūnhūn'èè　　❹ húnhún'èè

(3)　① 众望所归 zhòngwàng-suǒguī　　❷ 众目睽睽 zhòngmù-kuíkuí

　　③ 众口难调 zhòngkǒu-nántiáo　　④ 众矢之的 zhòngshǐzhīdì

　▶①は「衆望を担う」, ②は「衆人環視の中である」, ③は「誰の口にも合う料理は作れない, すべての人を満足させることは難しい」, ④は「大勢の人の非難の的」という意味です。文脈からすると, "之下"が後ろにあることから, ②が正解です。

(4)　① 眼珠 yǎnzhū　　② 眼光 yǎnguāng

　　❸ 媚眼 mèiyǎn　　④ 红眼 hóngyǎn

　▶①は「目玉」, ②は「視線, 眼光」, ③は「なまめかしい目つき」, ④は「怒る, うらやましがる」という意味です。文脈から④を選びます。

(5)　❶ 了如指掌 liǎorúzhǐzhǎng　　② 知己知彼 zhījǐ-zhībǐ

　　③ 不得而知 bùdé ér zhī　　④ 似懂非懂 sìdǒng-fēidǒng

　▶①は「てのひらを指し示すようによく知っている」, ②は「彼我の状況をよく知っている」, ③は「知ることができない」, ④は「わかったようなわからないような」という意味です。「真面目に授業の準備をして」に続くので, ①を選びます。

(6)　① 密密麻麻 mìmimámá　　② 拖拖拉拉 tuōtuōlālā

　　③ 模模糊糊 mómóhúhú　　❹ 稀稀拉拉 xīxilālā

模擬試験

▶ ①は「びっしりと並んでいる」，②は「ずるずると引き延ばす」，③は「あいまい模糊としている」，④は「まばらだ」という意味です。学生は5人しかいないので，④が正解です。

(7) **① 相反 xiāngfǎn**　　　② 从而 cóng'ér

③ 于是 yúshì　　　④ 然而 rán'ér

▶ 接続詞の問題です。①は「相反して，逆に」，②は「それによって」，③は「そして」，④は「しかし」という意味です。「学生の目線を恐れないばかりか，逆に…」と続くので，①が正解です。

(8) **① 从…和…对…把**

② 对…从…和…把

③ 和…对…把…从

④ 把…和…对…从

▶ "书上或学术文章中" の "中" と呼応するのは介詞 "从" です。次に "真实的生活联系起来" と結びつくのは "和"，"人生的指导意义" を対象とするのは "对" です。最後は "把…分享给大家" という "把" 構文になります。

(9) ① 手舞足蹈 shǒuwǔ-zúdǎo　　**② 手足无措 shǒuzú-wúcuò**

③ 手到擒来 shǒudào-qínlái　　④ 手无寸铁 shǒuwúcùntiě

▶ ①は「（手は舞い足は踊るということから，）踊りあがらんばかりに喜ぶ」，②は「（手足の置くところがわからない」ということから，）どうしてよいかわからない」，③は「（手を出せば捕らえられるということから，）簡単に目的を達せられる」，④は「（手に寸鉄も帯びないということから，）何の武器も持たない」という意味です。緊張の結果を表しているので，②が正解です。

(10)① 我本来是一个寡言少语的人，有时还会有口吃。
（わたしはもともと寡黙で，吃音になる時もある。）

② 我的专业跟所有学生的需求都没有严格的界限。
（わたしの専門はすべての学生が必要とするものとは厳格な境界線がない。）

③ 我相信自己一定会在与人交往中变成一个外向的人。
（わたしは自分がきっと他人と付き合う中で外向的な人間になるであろうと信

じている。）

④ 我的教学经验是知识要与实际相结合，避讳空谈。
（わたしの教学経験は知識を実際と結び付け，空論を避けなければならないというものである。）

▶ ①は第1段落にある "我会结巴"，②は第5段落にある "我和学生分享的还是没有专业壁垒"，④は第6段落に述べられていることと一致しますから，③を選びます。

[日本語訳]

　わたしはかつてとても内向的な人間であった。その表れの一つとして，大勢の人の前で話すのが怖く，講壇に上がるたびに刑罰を受けるようであった。わたしはどもってしまい，ことばを忘れ，顔と耳が赤くなり，どうしてよいかわからないほど緊張した。焦ったあげく，わたしは心理学を学ぼうと思い，師範学校へ通った。しかし師範学校でも，わたしは将来ある日，教壇に立つかも知れないのでいつもとても心配であった。

　わたしはこのような焦りの中で，ぼうっとしたまま自分の大学生活を過ごしてしまった。大学院2年の時，ある成人教育の大学が異常心理学を教える非常勤の心理学教師を募集していた。わたしはそのころとてもお金に困っていたため，ずいぶん迷ったが，思い切ってその仕事を引き受けることにした。

　ほとんど引き受けたその時から，わたしは後悔した。わたしは何日も続けて悪い夢を見た。自分が教壇に立って，衆人環視の下でどうしてよいかわからなくなっている夢だ。わたしはいくつかの，たとえばある女学生が教室でわたしに向かってなまめかしい目線を投げかけるなどといった少しプラス思考の想像をすることを試してもみたが，役に立たなかった。

　「審判」のその日がついに来た。わたしは早々と教室に来て，教案をちゃんと整理し，黒板をきれいに拭いた。教壇の前に立った時，わたしは突然強い自信を持った。真面目に授業の準備をして，自分が講義する内容を熟知していたからかも知れない。もちろん教壇の下にはパラパラと5人の学生しか座っていなかったからも知れない。彼らは勝手にスマホをいじっていた。わたしはたくさんの目がわたしをじっと見ている光景を想像していたが，これとはまったく違ったものであった。

　わたしの短い教師生活はこの5人の学生を教えることから始まった。わたしは大勢の人の前で話をすることを学び始め，若干の成功経験を積み始めた。そしてだんだん教えることが好きになっていった。後にわたしは教師となり，もう学生の目線を恐れなくなったどころか，彼らの目線をスマホからわたしへと引き戻すことができるようになり，達成感を持てるようになった。大部分のインテリは教壇に立ち，自分の知識や観点

を伝えたいと内心強く思っている。まして，わたしが学生と分かち合ったのが，専門の壁のない心理的な成長と幸福の道であればなおさらである。

わたしの経験によれば，変えることは何の根拠もなくてはできはしない。真に有効な変革には，自分が恐れる分野で自分の強みを確立することが必要である。わたしの強みは書籍や学術論文で読んだ知識を現実の生活と結び付け，それらの人生に対する指導的な意義を考え，考え出した結果を皆に伝えることである。伝えたいという欲望によって，わたしは大勢の人の前で話をすることの恐怖を克服することができた。

しかし，わたしは決して本当に外向的になったわけではない。わたしは道で偶然に上司やその他の大切な人物に遭った時，やはりどうしていいかわからないほど緊張してしまい，例外なく突然彼らの名前を忘れてしまう。この方面でわたしはわたし自身の強みを二度と見つけることができなかった。だから，自然に任せるほかはないのである。

2

(1) ❷ 这项工程事关重大，主要领导要负责**把关**。

　　このプロジェクトは重要だから，主だった指導者は厳しく検査しなくてはならない。

▶ ① "把守 bǎshǒu" は「守る」，② "把关 bǎguān" は「関所を守る，厳しく検査する」，③ "把门 bǎmén" は「門を守る」，④ "把戏 bǎxì" は「曲芸，いんちき」という意味です。"把关" には「厳しく検査する」という比喩的な意味がありますから，②を選びます。

(2) ❶ 还没说上几句话，他就跟我**翻脸**了。

　　まだ二言三言も言わないうちに，彼は急にわたしに対して怒り出した。

▶ ① "翻脸 fānliǎn" は「顔つきをがらりと変える」，② "翻盘 fānpán" は「株価が急変する」，③ "翻身 fānshēn" は「寝返りを打つ，抑圧されていた者が立ち上がる」，④ "翻案 fān'àn" は「判決を覆す」という意味です。"翻脸"には「急に態度を変えて怒り出す」という意味がありますから，①を選びます。

(3) ❷ 在我方一再追问下，对方理屈词穷，场面十分**尴尬**。

　　こちらの再三にわたる追及で，相手方は理屈が通らず言葉に詰まり，その場の様子はとても気まずそうであった。

▶ ① "愧疚 kuìjiù" は「悔やんで恥じ入る」，② "尴尬 gāngà" は「気まずい思

いをする」、③ "腼腆 miǎntiǎn" は「恥ずかしそうにする」、④ "隔阂 géhé" は「隔たり、わだかまり」という意味です。問い詰められた相手の様子を形容するには②が適切です。

(4) ❹ 最近，新闻媒体几乎都**聚焦**于保护农民工权益的问题上了。
最近、ニュースメディアはほとんど出稼ぎ労働者の権益の問題にスポットを当てている。

▶① "焦点 jiāodiǎn" は「焦点」、② "焦距 jiāojù" は「焦点距離、ピント」、③ "聚集 jùjí" は「集める、集まる」、④ "聚焦 jùjiāo" は「ピントを合わせる」という意味です。「スポットライトを当てる」という比喩的な意味がある④を選びます。

(5) ❸ 我**恨不得**长出翅膀来一下子飞到老家去。
わたしは羽をはやしてすぐに実家に飛んで帰りたいくらいだ。

▶① "冷不防 lěngbufáng" は「不意に」、② "走着瞧 zǒuzheqiáo" は「成り行きを見守る、いまに見ていろ」、③ "恨不得 hènbudé" は「…できないのが残念だ」、④ "谈不上 tánbushàng" は「…とは言えない」という意味です。「実現できないことを残念に思う」という意味の③を選びます。

(6) ❹ 我们都感到**纳闷儿**，他们到底想干什么？
わたしたちはみな合点がいかない。彼らはいったい何をしようとしているのだろう。

▶① "带劲儿 dàijìnr" は「力がこもっている」、② "较劲儿 jiàojìnr" は「力比べをする」、③ "解闷儿 jiěmènr" は「気晴らしをする」、④ "纳闷儿 nàmènr" は「納得がいかない」という意味です。文脈から後ろの文につながる④が正解です。

(7) ❶ 如果能赢得**开门红**的话，以后的事情就会顺利了。
幸先のよいスタートを切ることができれば、後のことは順調に行くだろう。

▶① "开门红 kāiménhóng" は「初めから優れた成績を上げる」、② "开绿灯 kāi lǜdēng" は「ゴーサインを出す」、③ "开场白 kāichǎngbái" は「前口上」、④ "开小差 kāi xiǎochāi" は「逃げ出す、気が散る」という意味です。前後の文脈から①を選びます。

(8) ❷ 赵先生年龄大了，做事经常**丢三落四**的。

趙さんは年を取り，何をするにもよく物忘れする。

▶① "十全十美 shíquán-shíměi" は「完全無欠だ」，② "丢三落四 diūsān-làsì" は「しょっちゅう忘れる」，③ "五体投地 wǔtǐ-tóudì" は「心腹する」，④ "七嘴八舌 qī zuǐ bā shé" は「口々にやかましく言う」という意味です。前の文を受ける②を選びます。

(9) ❷ 尽管他没有被指控，但人们总会说**无风不起浪**。

彼は告発されてはいないが，人々は何かというと「火のないところに煙は立たない」と言っている。

▶① "睁眼说瞎话 zhēng yǎn shuō xiāhuà" は「（目を開けたままででたらめを言うということから）見え見えの嘘をつく」，② "无风不起浪 wú fēng bù qǐ làng" は「（風がなければ波は立たないということから）火のないところに煙は立たぬ」，③ "人不可貌相 rén bù kě màoxiàng" は「人は見かけによらぬもの」，④ "墙倒众人推 qiáng dǎo zhòngrén tuī" は「（塀が倒れようとすると皆が押すということから）人が落ち目になると皆が一斉にばかにする」という意味です。「告発されてはいないが」という前文を受けて，②を選びます。

(10) ❸ 学外语要持之以恒，如果**三天打鱼，两天晒网**，就将一事无成。

外国語を学ぶには根気よく継続する必要がある。三日坊主では，何事も成就しない。

▶① "高不成，低不就 gāo bù chéng, dī bú jiù" は「理想にかなうものは手が届かず，理想にかなわないものは気に入らない」，② "吃一堑，长一智 chī yí qiàn, zhǎng yí zhì" は「一度つまずけば，それだけ利口になる」，③ "三天打鱼，两天晒网 sāntiān-dǎyú, liǎngtiān-shàiwǎng" は「（三日漁をして二日網を干すということから）三日坊主」，④ "有则改之，无则加勉 yǒu zé gǎi zhī, wú zé jiā miǎn" は「誤りがあれば改め，なければさらに努力する」という意味です。文脈から③を選びます。

3

(1) 我不会说话，去了准**碰钉子**，还是换个口齿伶俐的吧。

わたしは話下手で，行けばきっとうまくいかないから，弁の立つ人に代えたほうがいいですよ。

① 比喻不善表达，有苦难言。
表現が下手で，苦しくても言えないことをたとえる。

② 比喻连说带笑，让人愉悦。
おしゃべりをしたり笑ったりして，人を愉快にすることをたとえる。

❸ 比喻遭到拒绝，受到斥责。
拒絶され，叱責されることをたとえる。

④ 比喻恶毒攻击，使人难堪。
あくどく攻撃して，人を耐え難くすることをたとえる。

(2) 事情已经过去了，现在放马后炮还有什么意思？
事はもう過ぎ去った。今さら行動を起こして何の意味があるというのだ。

① 比喻在背后说三道四的言论。
陰でとやかく言うことをたとえる。

② 比喻很有威胁的行动或言论。
脅かす行動や言論をたとえる。

③ 比喻令人失望的措施或言论。
人を失望させる措置や言論をたとえる。

❹ 比喻不够及时的行动或言论。
手遅れの行動や言論をたとえる。

(3) 老张这些年来干一行爱一行，从来不三心二意的。
張さんはこの数年来自分の本業を愛し，あれこれ迷うことはなかった。

① 形容意志坚定，爱憎分明。
意志が堅く，愛憎がはっきりしていることを形容する。

② 形容专心致志，毫无杂念。
一意専心で，雑念が少しもないことを形容する。

③ 形容为人正直，说话不虚伪。
人間が正直で，話すことに偽りがないことを形容する。

❹ 形容犹豫不决，用心不专一。
躊躇して決められず，一つのことに専心できないことを形容する。

(4) 熟悉他的人背地里都偷偷地叫他笑面虎。
彼をよく知る人はみな陰で，彼はやさしそうな顔をしているが実は恐ろしい人だと言っている。

① 指喜欢带头闹事，惹事生非的人。
率先して事を起こし，いざこざを起こすのが好きな人を指す。

❷ 指外貌装得善良而内心凶狠的人。
外見は善良を装っているが，内心は凶悪な人を指す。

③ 指既心地善良又有威武气概的人。
心根が善良であり威風堂々として気概がある人を指す。

④ 指表面严厉而心地非常善良的人。
外見は厳しそうだが，心根はとても善良な人を指す。

(5) 她这一身打扮和行为举止，引起了不少邻居的风言风语。
彼女のこの身なりと行動は，多くの隣人の陰口を呼んだ。

① 指背后说谎话。　陰で嘘をつくことを指す。

② 指当面表扬人。　面と向かって人を褒めることを指す。

❸ 指私下里议论。　陰であれこれ言うことを指す。

④ 指到处开玩笑。　どこでも冗談を言うことを指す。

(6) 除夕之夜，全家人欢聚一堂，共享天伦之乐。
大みそかの夜，一家の者が一堂に会し，一家団欒の楽しみを共に味わう。

① 指春节回老家过年的气氛。
春節に実家に帰り年越しをする時の雰囲気を指す。

② 指亲朋好友一起吃年夜饭。
親戚や友人が一緒に年越し料理を食べることを指す。

③ 指全家人一起出游的快乐。
一家で一緒に行楽に出かける楽しみを指す。

❹ 指家庭中亲热团聚的欢乐。
家族が親しく団欒する喜びを指す。

(7) 你这样做，对他来说简直是雪上加霜啊！
あなたがそんなことをすれば，彼にとってはまったく泣きっ面に蜂ですよ。

❶ 比喻一再遭受灾害，苦上加苦。
何度も災いに遭い，苦に苦を重ねることをたとえる。

② 比喻品行纯洁，没有污点的人。
品行方正で，汚点がない人をたとえる。

③ 比喻用恶毒的话语攻击陷害别人。

あくどいことばで他人を攻撃して陥れることをたとえる。

④ 比喻在别人急需的时候给予帮助。
他人が危急の時に援助してやることをたとえる。

(8) 这种事已有<u>前车之鉴</u>，我们要小心。
こういうことは，先人の失敗は後人の教訓となると言うから，わたしたちは注意しなくてはならない。

① 指应该了解过去失败的所有原因。
過去の失敗のすべての原因を知るべきであることを指す。

② 指鉴别文物时，须避免急躁情绪。
文物を鑑別する時に，焦る気持ちを避ける必要があることを指す。

❸ 指以往的失败，后来可以当作教训。
以前の失敗を後の教訓とすることができることを指す。

④ 指历史上从来没有发生过的事情。
歴史上これまでに起きたことのないことを指す。

▶ "前车之鉴 qiánchē zhī jiàn" は「先人の失敗は後人の戒めとなる」という意味の成語です。

4

(a) 羡慕　　　　▶ うらやむ，うらやましがる。

(b) 拍案叫绝　　▶〈成語〉机をたたいて絶賛する。

日本語訳

　時は流れる水のようであり，わたしが中国に留学してほぼ3年になる。中国に来てから，わたしはうっとりするような内モンゴルの大草原や有名な北京の茶館に行ったことがあるし，おいしい中華料理もたくさん食べた。ざっと見て回っている中で中国の特色を探ってみた。

　高一の時，学校の企画で内モンゴルに行った。そこの景色は魅力的で，(1)<u>夜になると空はかすかに青く，無数の星は一つ一つきらきら光輝く宝石のように，夜空で瞬き，人を物思いに誘う。</u>そこの家は「蒙古パオ」という。この建物の優れた点は分解と組立てが簡単で，移動も簡便なことである。蒙古パオの中の面積は広く，採光もよく，冬は暖かく夏は涼しい。彼らのちょっとした生活を知ったばかりなのに，わたしはすぐに羨ましさと憧れの気持ちを持ってしまった。

高二の時，学校の企画で北京の茶館にも行った。茶館というと，(2)わたしは静かで数人がゆったりとそこに座ってお茶を味わう情景を想像していたが，なんとわたしたちが行った茶館の中は人波でごった返し，歌声や笑い声があふれていた。わたしたちはそこでいくつかの本場の特技の出し物を見た。その中で一番珍しかったのは京劇とお茶を注ぐ実演であった。演者のお茶を注ぐ敏捷かつ正確な技は実に観客の喝采を博すものであった。

中国での「急ぎ旅，見て歩き」の観光体験は，わたしの単調な留学生活に草原のような清々しい緑を添えてくれる，本当に楽しい出来事であった。

【解説】

(1) **幽蓝** yōu lán："幽"は「ほの暗い」，"蓝"は「青い」。"幽蓝"で「ほの暗く青い」という意味になります。

　遐思 xiásī：「思いを馳せる」という意味で，"遐想"とも言います。

(2) **人头攒动** réntóu cuándòng："攒动"は「群がって動く」という意味で，「人波でごった返す」となります。

　欢歌笑语 huāngē-xiàoyǔ："欢歌"は「楽しげな歌声」，"笑语"は「笑い声」という意味です。

5

解答例

(1) 天还没亮，我出门取早报，路上步行的人在互相打招呼。进入小寒天气就凉了，"早安"变成了白色的气息从口中冒出来。我突然注意到"息"这个字是由自己的"自"和"心"组成的。

　▶「挨拶を交わす」は"相互打招呼"または"互相寒暄 hánxuān"と訳します。
　▶「寒の入り」は二十四節気の寒さがますます厳しくなる"小寒"を指していることから，"入寒"または"进入小寒"と言います。
　▶「自と心を組み合わせる」は"由自和心组成"とすればよいでしょう。

(2) 新冠病毒后的经济社会前景无法预料。各国政府在传染病对策与经济运营之间寻找平衡，企业也在为继续生产和重建工作而苦恼。在这种情况下，只有具有想象力和创造力的人才能创造出新的价值。

▶「先行きが読めない」は "前景无法预料" とします。

▶文末の「…以外にない」は "除了…别无替代" または "除了…别无其他" の
ように訳すこともできますが，日本語の意に内容を理解して "只有…オ…"
の文型をを使って訳すとよいでしょう。

(3) 幽默，是一种<u>语言艺术</u>，它不仅能让人<u>发笑</u>，还能化解矛盾，增加和谐。
所以，在日常会话中不可缺少有<u>幽默感</u>的人。(52字)

（ユーモアはことばの芸術である。それは人を笑わすことできるだけでなく，矛盾
を取り除き，和やかさを増すこともできる。それゆえ，日常生活においてユーモ
アのセンスのある人は欠かせない。）

中国語検定準 1 級受験準備のための語彙集

　この語彙集は，第 75 から第 107 回までの中検準 1 級試験問題を精査し，ジャンル別に整理したものです。リスニングならびに筆記で出題された文章と，筆記の空欄補充および下線部解釈に含まれている語彙を集めました。単語の意味がわからなければリスニングの能力も文章の読解力も身につきません。語学力の向上には語彙を増やすことが必要不可欠です。準 1 級合格に必要と思われる語句を収録した本語彙集を有効に活用して，豊かな語彙力を身につけてください。

　なお，本語彙集は普通の単語集とは異なり，実際に出題された文章の中での語義を中心とした訳語を挙げています。また，単語だけでなく，出題された文章中で使われている例や文型も挙げてありますので，具体的な用法も学んでください。

語彙集

成語

A   □ 唉声叹气   āishēng-tànqì   嘆息する

    □ 爱屋及乌   àiwū-jíwū   (人を愛すれば，その人の家の屋根にとまるカラス
も好きになる→）人を愛すれば，その人に関係する
すべてを愛するようになる

    □ 碍手碍脚   àishǒu-àijiǎo   足手まといになる，邪魔になる

    □ 安居乐业   ānjū-lèyè   安らかに暮らし，楽しく働く

    □ 安身立命   ānshēn-lìmìng   身を落ち着けるところができ，生きがいを感じる

    □ 昂首阔步   ángshǒu-kuòbù   何者も恐れず堂々と進んで行く

B   □ 百读不厌   bǎi dú bú yàn   いくら読んでも飽きない

                                ▶令人百读不厌（いくら読んでも飽きさせない）

    □ 百感交集   bǎigǎn-jiāojí   万感胸に迫る思いである

    □ 百善孝为先   bǎi shàn xiào wéi   百善のうち孝を第一とする
                               xiān

    □ 班门弄斧   bānmén-nòngfǔ   (名匠である魯班の門前で斧を振るう→）専門家の
前で自分の技量をひけらかす

    □ 半路出家   bànlù-chūjiā   途中からその道に入る

    □ 卑躬屈膝   bēigōng-qūxī   人にこびへつらう

    □ 悲欢离合   bēihuān-líhé   人生における悲しみと喜びおよび別れと出会い

    □ 背道而驰   bèidào'érchí   逆行する

    □ 比比皆是   bǐbǐ jiē shì   至るところ皆そうである

    □ 毕恭毕敬   bìgōng-bìjìng   きわめて恭しい〔"必恭必敬"ともいう〕

    □ 彬彬有礼   bīnbīn-yǒulǐ   上品で礼儀正しい

                                  ▶彬彬有礼的态度（上品で礼儀正しい態度）

    □ 并行不悖   bìngxíng-búbèi   同時に行なっても互いに矛盾しない

    □ 勃然大怒   bórán-dànù   顔色を変えて怒る

    □ 不卑不亢   bùbēi-búkàng   高ぶらないし，へつらわない

    □ 不分彼此   bù fēn bǐcǐ   分け隔てをしない，一心同体である

    □ 不苟言笑   bùgǒu-yánxiào   軽々しくものを言ったり笑ったりしない

    □ 不假思索   bùjiǎ-sīsuǒ   即座に

    □ 不解之缘   bùjiězhīyuán   切っても切れない縁

                                  ▶一生和化学结下了不解之缘（生涯化学と切っ
ても切れない間柄となった）

    □ 不胫而走   bújìng'érzǒu   (物事が）速やかに伝わる

□	不可或缺	bùkě-huòquē	少しも欠かすことができない
□	不可开交	bùkě-kāijiāo	どうにもならない
			▶忙得不可开交（忙しくてどうしようもない）
□	不可一世	bùkě-yíshì	当代に並ぶ者がないとうぬぼれる
□	不速之客	búsùzhīkè	招かれざる客
□	不屑一顾	búxiè-yígù	一顧だに値しない
□	不学无术	bùxué-wúshù	学問も才能もない
□	不言而喻	bùyán'éryù	言うまでもない
			▶答案是不言而喻的（答えは言うまでもない）
□	不亦乐乎	búyìlèhū	甚だしい，ひどい〔『論語』の「また楽しからずや」から〕
			▶忙得不亦乐乎（忙しくててんてこ舞いする）
□	不由自主	bùyóuzìzhǔ	思わず，知らず知らずのうちに
□	不在话下	búzài-huàxià	言うまでもない
C □	草木皆兵	cǎomù-jiēbīng	疑心暗鬼になる
□	长此以往	chángcǐ-yǐwǎng	このままでいけば〔悪い状況について言うことが多い〕
□	陈词滥调	chéncí-làndiào	使い古された語句
□	乘风破浪	chéngfēng-pòlàng	追い風に乗り，波をけって進む
□	嗤之以鼻	chīzhī-yǐbí	鼻であしらう
□	叱咤风云	chìzhà-fēngyún	（風や雲を怒鳴って恐れさせ時局を変えさせる→）勢力や威力が大きい
			▶叱咤风云的大人物（勢力のある大物）
□	踌躇满志	chóuchú-mǎnzhì	得意満面である
□	出乎意料	chūhū-yìliào	予想外である〔"出人意料"ともいう〕
□	寸步难行	cùnbù-nánxíng	一歩も進めない，にっちもさっちも行かない
D □	打退堂鼓	dǎ tuìtánggǔ	途中で撤退する
□	大海捞针	dàhǎi-lāozhēn	（海に落とした針を探す→）見つけることがきわめて難しい
□	大惑不解	dàhuò-bùjiě	まったく理解に苦しむ
□	大名鼎鼎	dàmíng-dǐngdǐng	名声が世に知れ渡っている
□	大相径庭	dàxiāng-jìngtíng	大きな差がある
			▶只有一字之差，意思却大相径庭（1字の違いだけで，意味は大きく異なる）
□	胆战心惊	dǎnzhàn-xīnjīng	肝をつぶす

語彙集

131

□	得天独厚	détiān-dúhòu	とりわけ恵まれている
□	得心应手	déxīn-yìngshǒu	思い通りに行く
□	低三下四	dīsān-xiàsì	こびへつらう
			▶低三下四地谋求别人喜欢（ぺこぺこして他人に好かれようとする）
□	顶天立地	dǐngtiān-lìdì	全世界を背負って立つ
			▶顶天立地的大丈夫（堂々たる男子）
□	丢三落四	diūsān-làsì	よく物忘れをする
□	东张西望	dōngzhāng-xīwàng	きょろきょろする
□	独具只眼	dújù-zhīyǎn	独特の優れた見識を持っている

E

□	儿女情长	érnǚ-qíngcháng	愛情に溺れる
□	耳目一新	ěrmù-yìxīn	耳目を一新する
□	耳濡目染	ěrrú-mùrǎn	聞き慣れ，見慣れて自然に覚える

F

□	发人深省	fārénshēnxǐng	深く考えさせる
□	风风火火	fēngfēnghuǒhuǒ	あたふたと
□	风和日丽	fēnghé-rìlì	風が穏やかで日がうららかである
□	风生水起	fēngshēng-shuǐqǐ	活気があって盛んである
□	风言风语	fēngyán-fēngyǔ	根も葉もないうわさ
□	风雨同舟	fēngyǔ-tóngzhōu	困難を共に切り抜ける
□	风雨无阻	fēngyǔ-wúzǔ	雨天決行
□	扶危济困	fúwēi-jìkùn	危険や困難に直面している人を助ける
□	妇孺皆知	fùrú-jiēzhī	誰でも知っている

G

□	改弦更张	gǎixián-gēngzhāng	（琴の弦を張り替える→）制度などを根本から変える
□	改邪归正	gǎixié-guīzhèng	悪事から足を洗って，正道に立ち返る
□	感激涕零	gǎnjī-tìlíng	感激のあまり涙を流す
□	刚正不阿	gāngzhèng-bù'ē	剛直で人におもねらない
□	高不可攀	gāobùkěpān	高嶺の花
□	格格不入	gégé-búrù	まったく相容れない
□	各司其职	gèsī-qízhí	各々の職責を果たす
□	根深蒂固	gēnshēn-dìgù	根強い
□	功成名就	gōngchéng-míngjiù	功成り名遂げる
□	供不应求	gōngbúyìngqiú	供給が需要に追いつかない
□	钩心斗角	gōuxīn-dòujiǎo	互いに秘術を尽くして排斥し合う
□	拐弯抹角	guǎiwān-mòjiǎo	もって回った言い方をする

□	光彩照人	guāngcǎi-zhàorén	輝かしい成果などが人の目を引きつける
			▶光彩照人的容貌（輝くばかりの容貌）
□	光天化日	guāngtiān-huàrì	白昼
			▶暴露在光天化日之下（白日の下に曝す）
H □	汗流浃背	hànliú-jiābèi	びっしょり汗をかく
□	旱涝保收	hànlào-bǎoshōu	日照りに遭っても洪水に遭っても収穫が保障されている
□	好高骛远	hàogāo-wùyuǎn	高望みをする
□	和风细雨	héfēng-xìyǔ	（穏やかな風とこぬか雨→）態度などが穏やかである
□	和睦相处	hémù-xiāngchǔ	仲良く付き合う
□	和颜悦色	héyán-yuèsè	穏やかでにこやかな顔つき
□	鹤立鸡群	hèlìjīqún	（1羽のツルがニワトリの群れの中に立っている→）ある1人の才能が抜きん出ている
□	洪福齐天	hóngfú-qítiān	無上の幸福，至福
□	后顾之忧	hòugùzhīyōu	後顧の憂い
			▶没有什么后顾之忧（何の後の心配もない）
□	厚此薄彼	hòucǐ-bóbǐ	（一方を重視し他方を軽視する→）不公平な取り扱いをする
□	囫囵吞枣	húlún-tūnzǎo	（ナツメを丸呑みにする→）鵜呑みにする
□	虎头蛇尾	hǔtóu-shéwěi	竜頭蛇尾，初めは勢いがよく盛んだが終わりは振るわない
□	花天酒地	huātiān-jiǔdì	酒色におぼれた生活
□	花言巧语	huāyán-qiǎoyǔ	美辞麗句
□	欢天喜地	huāntiān-xǐdì	大喜びする
□	恍然大悟	huǎngrán-dàwù	はっと悟る
□	灰心丧气	huīxīn-sàngqì	意気消沈する
□	挥金如土	huījīn-rútǔ	湯水のごとく金を使う
□	昏昏欲睡	hūnhūn-yùshuì	うとうとと眠気をもよおす
□	浑水摸鱼	húnshuǐ-mōyú	（濁った水の中から魚をつかみ取る→）混乱に乗じて利益を得る
□	魂不守舍	húnbùshǒushè	度肝を抜かれる
□	火烧眉毛	huǒshāo-méimao	一刻も猶予できない
□	火眼金睛	huǒyǎn-jīnjīng	すべてを洞察できる眼力
□	豁然开朗	huòrán-kāilǎng	突然悟る

J	□	家喻户晓	jiāyù-hùxiǎo	誰もがよく知っている
	□	坚贞不屈	jiānzhēn-bùqū	節操を堅く守って屈しない
	□	见缝插针	jiànfèng-chāzhēn	わずかな隙間を利用する
	□	娇生惯养	jiāoshēng-guànyǎng	甘やかして育てる
	□	骄奢淫逸	jiāoshē-yínyì	贅沢三昧でみだらな生活
	□	绞尽脑汁	jiǎojìn-nǎozhī	ありったけの知恵を絞る
	□	接二连三	jiē'èr-liánsān	次から次へと続く
	□	筋疲力尽	jīnpí-lìjìn	疲労困憊する
	□	惊慌失措	jīnghuāng-shīcuò	驚いて度を失う
	□	惊涛骇浪	jīngtāo-hàilàng	逆巻く大波，危険で恐ろしい状態
	□	精力充沛	jīnglì-chōngpèi	元気があふれている
	□	精神抖擞	jīngshén-dǒusǒu	元気に満ちあふれている
	□	井底之蛙	jǐngdǐzhīwā	井の中の蛙
	□	九牛一毛	jiǔniú-yìmáo	大多数の中のごく少数
	□	咎由自取	jiùyóuzìqǔ	身から出たさび
	□	举目无亲	jǔmù-wúqīn	周りに身内がいない，寄る辺がない
	□	举一反三	jǔyī-fǎnsān	一つのことから他の多くのことを類推させる
	□	绝无仅有	juéwú-jǐnyǒu	ごくまれである
K	□	开门见山	kāimén-jiànshān	いきなり本題に入る，単刀直入に言う
	□	侃侃而谈	kǎnkǎn'értán	堂々と語る
	□	刻不容缓	kèbùrónghuǎn	一刻も猶予できない
	□	刻骨铭心	kègǔ-míngxīn	心にしっかりと刻みつける
	□	空中楼阁	kōngzhōng-lóugé	砂上の楼閣
	□	口干舌燥	kǒugān-shézào	(口がからからに乾く→) 話し続けて疲れる
L	□	滥竽充数	lànyú-chōngshù	("竽"（古代の笛）の吹き手の中に実際は吹けない人が混入したという故事から）員数をそろえる
	□	狼吞虎咽	lángtūn-hǔyàn	むしゃぶりつく
	□	乐此不疲	lècǐ-bùpí	好きでやることは一向に疲れない〔"乐此不倦"ともいう〕
	□	冷言冷语	lěngyán-lěngyǔ	辛辣な皮肉
	□	力所能及	lìsuǒnéngjí	力の及ぶ限り
	□	立竿见影	lìgān-jiànyǐng	効果がすぐに現れる
	□	例行公事	lìxíng-gōngshì	型通りに行なう公務
	□	两小无猜	liǎngxiǎo-wúcāi	幼い男女は無邪気に一緒に遊ぶ

	□	两袖清风	liǎngxiù-qīngfēng	官史が清廉潔白である
	□	了如指掌	liǎorúzhǐzhǎng	自分の手のひらを人に見せるようによく知っている
	□	临危不惧	línwēi-bújù	死の危険に直面してもたじろがない
	□	琳琅满目	línláng-mǎnmù	すばらしいものが数多くある
	□	灵机一动	língjī-yídòng	霊感がひらめく
	□	另起炉灶	lìngqǐ-lúzào	もう一度やり直す
	□	柳暗花明	liǔ'àn-huāmíng	（ヤナギがうっそうと茂る中に花がぱっと明るく咲く→）苦境を経たのち希望が見える
	□	络绎不绝	luòyì-bùjué	人や車の往来が絶えない
M	□	慢条斯理	màntiáo-sīlǐ	ゆったりとして落ち着いている
				▶说话慢条斯理的（のんびりとした話し方をする）
	□	茅塞顿开	máosè-dùnkāi	一気に疑問が解ける
	□	没大没小	méidà-méixiǎo	長幼の序（目上に対する礼）をわきまえない
	□	没精打采	méijīng-dǎcǎi	元気がない
	□	眉飞色舞	méifēi-sèwǔ	喜んで顔をほころばせる
	□	闷闷不乐	mènmèn-búlè	心がふさいでいる
	□	面目全非	miànmù-quánfēi	様子がすっかり変わってしまう
	□	妙笔生花	miàobǐ-shēnghuā	すぐれた文章を書く才能
	□	莫测高深	mòcè-gāoshēn	はかり知れないほど深遠である
	□	默默无闻	mòmò-wúwén	無名である
	□	目不转睛	mùbùzhuǎnjīng	じっと見つめる
				▶大家都目不转睛地注视着她们（皆は目を凝らして彼女たちを注視している）
N	□	耐人寻味	nàirénxúnwèi	味わい深い
	□	南辕北辙	nányuán-běizhé	行動と目的が一致しない
	□	难能可贵	nánnéng-kěguì	たいしたものである
P	□	刨根问底	páogēn-wèndǐ	根掘り葉掘り問いただす
	□	披星戴月	pīxīng-dàiyuè	朝早く出て夜晚く帰る
	□	平步青云	píngbù-qīngyún	一躍高い地位につく
	□	平起平坐	píngqǐ-píngzuò	対等の資格である
	□	迫在眉睫	pòzàiméijié	目の前に迫っている
	□	破釜沉舟	pòfǔ-chénzhōu	背水の陣を敷く
	□	扑朔迷离	pūshuò-mílí	さっぱりわからない
Q	□	七嘴八舌	qīzuǐ-bāshé	多くの人が口々にあれこれ言う
				▶大家七嘴八舌地议论着（皆ががやがやと議論している）

☐	杞人忧天	qǐrén-yōutiān	杞憂
☐	起早贪黑	qǐzǎo-tānhēi	（早く起きて晩く寝る→）骨身を惜しまずに働く
☐	气急败坏	qìjí-bàihuài	前後の見境がなくなる
			▶气急败坏地说（前後の見境もなく言う）
☐	千真万确	qiānzhēn-wànquè	きわめて確実である
☐	前车之鉴	qiánchēzhījiàn	先人の失敗は後人の戒めとなる
☐	强词夺理	qiǎngcí-duólǐ	屁理屈をこねる
☐	锲而不舍	qiè'érbùshě	ねばり強く行なう
☐	青黄不接	qīnghuáng-bùjiē	端境期
☐	轻车熟路	qīngchē-shúlù	（軽い車を押して慣れた道を行く→）手慣れた仕事なのでたやすくやってのける
☐	轻而易举	qīng'éryìjǔ	簡単にできる
☐	蜻蜓点水	qīngtíng-diǎnshuǐ	（トンボが水面をつつく→）上っ面だけのやり方をする
☐	情不自禁	qíngbúzìjīn	思わず
☐	去粗取精	qùcū-qǔjīng	かすを除いて精髄を取り出す
☐	全神贯注	quánshén-guànzhù	全神経を集中する
R ☐	热火朝天	rèhuǒ-cháotiān	熱気があふれている
☐	人地生疏	réndì-shēngshū	知り合いもいなければ，土地もよくわからない
☐	人云亦云	rényún-yìyún	人の話の受け売りをする
☐	忍无可忍	rěnwúkěrěn	これ以上我慢できない，堪忍袋の緒が切れる
☐	日积月累	rìjī-yuèlěi	長期にわたって積み重ねる
☐	如履薄冰	rúlǚbóbīng	薄氷を踏む思い
☐	如释重负	rúshìzhòngfù	肩の荷を下ろしたようである
☐	如数家珍	rúshǔjiāzhēn	（家宝を数え上げるようによどみがない→）手に取るように知り抜いている
☐	如意算盘	rúyì-suànpan	捕らぬタヌキの皮算用
☐	如鱼得水	rúyúdéshuǐ	魚が水を得たかのようである
☐	如醉如痴	rúzuì-rúchī	我を忘れて夢中になる
☐	入不敷出	rùbùfūchū	収入が支出に追いつかない
☐	入木三分	rùmù-sānfēn	洞察力がある
S ☐	三长两短	sāncháng-liǎngduǎn	万一のこと，死
☐	三番五次	sānfān-wǔcì	何回も
☐	杀鸡取卵	shājī-qǔluǎn	（ニワトリを殺して中の卵を取る→）目前の利益に目がくらんで将来を忘れる
			▶杀鸡取卵的行为（目先の欲に目がくらんだ行為）

□	山重水复	shānchóng-shuǐfù	山が連なり川が曲がりくねっている
			▶山重水复疑无路（前途多難で進むべき道がない
			かのようである）
□	舍己救人	shěji-jiùrén	自分を捨てて他人を助ける
□	身不由己	shēnbùyóujǐ	体が思うとおりにならない，思わず
□	身体力行	shēntǐ-lìxíng	身をもって体験し，努力して実行する
□	声色犬马	shēngsè-quǎnmǎ	道楽の限りを尽くす
□	省吃俭用	shěngchī-jiǎnyòng	食費を切り詰め，物を節約する
□	诗情画意	shīqíng-huàyì	詩歌や絵画の境地
□	十全十美	shíquán-shíměi	完全無欠である
□	始料不及	shǐliàobùjí	予測できなかった
□	势不可当	shìbùkědāng	勢いが激しくて阻むことができない，勢い当たるべ
			からず
□	适可而止	shìkě'érzhǐ	適当なところで止める
□	手忙脚乱	shǒumáng-jiǎoluàn	てんてこ舞いをする
□	手足无措	shǒuzú-wúcuò	どうしてよいかわからない
□	熟视无睹	shúshì-wúdǔ	見ても無関心である
□	数不胜数	shǔbùshèngshǔ	数えきれない
□	束手无策	shùshǒu-wúcè	手の打ちようがない
□	水到渠成	shuǐdào-qúchéng	（水が流れてくれば用水路はできる→）条件が備わ
			れば物事は自然に運ぶ
□	水涨船高	shuǐzhǎng-chuángāo	（水位が上がれば船の置も高くなる→）基本となる
			ものがよくなれば，それにつれてほかも向上する
□	顺理成章	shùnlǐ-chéngzhāng	（筋道に従って書けばおのずとよい文章になる→）
			筋道に従って行なえば自然と順調に運ぶ
□	顺手牵羊	shùnshǒu-qiānyáng	（ついでにヒツジを引いていく→）機に乗じて人を
			利用する
□	顺水推舟	shùnshuǐ-tuīzhōu	流れに沿って船を進める，渡りに船
□	硕果累累	shuòguǒ-lěilěi	（大きな実が鈴なりになっている→）すばらしい成
			果が数多く上がっている
□	司空见惯	sīkōng-jiànguàn	見慣れてしまい，少しも珍しくない
□	四通八达	sìtōng-bādá	道が四方八方に通じている
□	肆无忌惮	sìwú-jìdàn	したい放題をする
□	随心所欲	suíxīnsuǒyù	思いのままにする
T □	泰然自若	tàirán-zìruò	泰然自若としている

□	忐忑不安	tǎntè-bù'ān	びくびくして心が休まらない
□	坦然自若	tǎnrán-zìruò	泰然自若としている
			▶坦然自若地干自己想干的事（泰然自若として自分がしたいことをする）
□	讨价还价	tǎojià-huánjià	価格交渉をする
□	特立独行	tèlì-dúxíng	世俗に超然として，行ないや趣味などが高尚である
□	天经地义	tiānjīng-dìyì	至極当たり前のこと
□	天伦之乐	tiānlúnzhīlè	一家団欒の楽しみ
			▶共享天伦之乐（一家団欒の楽しみを共に味わう）
□	添枝加叶	tiānzhī-jiāyè	話に尾ひれを付ける
□	同病相怜	tóngbìng-xiānglián	同病相憐れむ
□	投机取巧	tóujī-qǔqiǎo	チャンスをとらえてうまく立ち回る
□	徒有其表	túyǒu-qíbiǎo	表面がよく見えるだけである，見かけ倒し
□	推心置腹	tuīxīn-zhìfù	誠意をもって人と接する
□	拖泥带水	tuōní-dàishuǐ	だらだらしている
			▶做事从不拖泥带水（物事を処理するのがてきぱきしている）
□	脱口而出	tuōkǒu'érchū	口をついて出る
□	脱颖而出	tuōyǐng'érchū	（袋の中にある錐の先はたちまち袋を突き破って外に出る→）才能がある人は自然と頭角を現す
W □	万劫不复	wànjié-búfù	永遠に回復できない
□	亡羊补牢	wángyáng-bǔláo	（ヒツジに逃げられてから檻の修繕をする→）失敗を繰り返さないように対策を立てる
□	望尘莫及	wàngchén-mòjí	（前を行く人が立てる砂ほこりが見えるだけで追いつけない→）遠く及ばない
□	望而却步	wàng'érquèbù	危険や困難に遭遇し，尻込みする
□	委曲求全	wěiqū-qiúquán	不満を我慢してまで事をまるくおさめようとする
□	温情脉脉	wēnqíng-mòmò	愛情がこもってやさしい
			▶温情脉脉的文字（心のこもった文章）
□	闻所未闻	wénsuǒwèiwén	これまで聞いたことがない
□	握手言欢	wòshǒu-yánhuān	仲直りする
□	无动于衷	wúdòngyúzhōng	まったく気にかけない
□	无独有偶	wúdú-yǒu'ǒu	他にも同類のものがある
□	无尽无休	wújìn-wúxiū	際限がない
□	无所事事	wúsuǒshìshì	何もしない

	□ 无与伦比	wúyǔlúnbǐ	比べるものがない
	□ 无足轻重	wúzú-qīngzhòng	どうでもいい
	□ 毋庸置疑	wúyōngzhìyí	疑う余地がない
	□ 五花八门	wǔhuā-bāmén	多種多様で変化に富む
	□ 五色缤纷	wǔsè-bīnfēn	いろいろな色彩が入り混じってきれいである
	□ 五体投地	wǔtǐ-tóudì	心から感服する
	□ 物美价廉	wùměi-jiàlián	品質がよくて値段が安い
	□ 误入歧途	wùrù-qítú	誤って邪道に陥る
X	□ 息事宁人	xīshì-níngrén	自ら譲歩して事を穏便に済ませる
	□ 嬉皮笑脸	xīpí-xiàoliǎn	にやにやする
	□ 喜出望外	xǐchūwàngwài	望外の喜び
	□ 喜闻乐见	xǐwén-lèjiàn	喜んで聞き喜んで見る，皆に喜ばれる
	□ 先斩后奏	xiānzhǎn-hòuzòu	（先ず処刑してから奏上する→）事後承諾を得る
	□ 心平气和	xīnpíng-qìhé	心が穏やかで気持ちが落ち着いている
			▶心平气和地工作（落ち着いた気持ちで働く）
	□ 形单影只	xíngdān-yǐngzhī	一人ぼっちである
	□ 虚情假意	xūqíng-jiǎyì	上辺だけの親切
			▶与其这样虚情假意地客气，不如明确清楚地表明态度（このように上辺だけの遠慮より，はっきりと態度を示すほうがよい）
	□ 雪上加霜	xuěshàng-jiāshuāng	泣きっ面に蜂
Y	□ 言归于好	yánguīyúhǎo	仲直りする
			▶与恋人言归于好（恋人と仲直りする）
	□ 羊肠小道	yángcháng xiǎodào	曲がりくねった小道
	□ 腰缠万贯	yāochánwànguàn	大金持ちである
	□ 摇摇欲坠	yáoyáo-yùzhuì	（ぐらぐらして今にも落ちそうである→）失敗や滅亡の寸前にある
	□ 夜长梦多	yècháng-mèngduō	時間が長引くと好ましくない変化が起こる
	□ 夜以继日	yèyǐjìrì	昼夜の別なく物事を行なう
	□ 一差二错	yìchā-èrcuò	思わぬ間違い
	□ 一成不变	yìchéng-búbiàn	いったんできあがってしまうと永久に変わらない
			▶生活不是一成不变的（生活は永久不変のものではない）
	□ 一筹莫展	yìchóu-mòzhǎn	手の打ちようがない

語彙集

□	一蹴而就	yícù'érjiù	いっぺんで成功する
□	一干二净	yìgān-èrjìng	きれいさっぱり
□	一见如故	yíjiàn-rúgù	初対面なのに旧知のように親しくなる
□	一见钟情	yíjiàn-zhōngqíng	一目惚れ
□	一毛不拔	yìmáo-bùbá	（髪1本抜くのさえ惜しむ→）ひどくけちである
			▶一毛不拔的吝啬之人（徹底的にけちな人）
□	一目十行	yímù-shíháng	本を読むのがきわめて速い
□	一清二楚	yìqīng-èrchǔ	はっきりしている
□	一丝一毫	yìsī-yìháo	一分一厘，ごくわずか
□	一塌糊涂	yìtāhútú	めちゃくちゃである
			▶把你的衬衫弄得一塌糊涂（あなたのシャツをめ
			ちゃくちゃにしてしまった）
□	一无所有	yìwúsuǒyǒu	何も持っていない
□	一厢情愿	yìxiāng-qíngyuàn	片想い
□	一心一意	yìxīn-yíyì	一意専心
□	怡然自得	yírán-zìdé	悠々自適
□	以怨报德	yǐyuàn-bàodé	恩を仇で返す
□	义无反顾	yìwúfǎngù	道義上，後へは引けない
□	异乎寻常	yìhū-xúncháng	尋常ではない
□	异曲同工	yìqǔ-tónggōng	（曲調は違っても巧みさは同じ→）やり方は異なっ
			ても効果は同じである
□	异想天开	yìxiǎng-tiānkāi	奇想天外
□	意想不到	yìxiǎngbúdào	思いがけない
□	迎刃而解	yíngrèn'érjiě	（竹を割る時，初めの節を割れば後は自然に割れる
			ように）問題がたやすく解決する
□	用心良苦	yòngxīn-liángkǔ	苦心が並大抵でない
□	忧心忡忡	yōuxīn-chōngchōng	心配でたまらない
□	油然而生	yóurán'érshēng	感情が自然にわき起こる
□	油嘴滑舌	yóuzuǐ-huáshé	口先だけでぺらぺらしゃべる
□	有板有眼	yǒubǎn-yǒuyǎn	筋が通っている
□	有口皆碑	yǒukǒu-jiēbēi	誰もがみな褒める
□	有目共睹	yǒumù-gòngdǔ	衆目の認めるところである
□	与人为善	yǔrén-wéishàn	善意で人を助ける
□	雨后春笋	yǔhòu-chūnsǔn	雨後の筍
□	欲速则不达	yù sù zé bù dá	急がば回れ

□	原汁原味	yuánzhī-yuánwèi	（もともとの味→）オリジナルである
□	远走高飞	yuǎnzǒu-gāofēi	高飛びする
□	怨天尤人	yuàntiān-yóurén	天を恨み，人をとがめる
□	约定俗成	yuēdìng-súchéng	社会習慣が次第に広まって，認められるようになる
□	云消雾散	yúnxiāo-wùsàn	雲散霧消する
Z □	在所不辞	zàisuǒbùcí	決して辞さない
□	载歌载舞	zàigē-zàiwǔ	歌いながら踊る
□	沾沾自喜	zhānzhān-zìxǐ	一人で得意になる
□	张冠李戴	zhāngguān-lǐdài	（張さんの帽子を李さんにかぶせる→）人や物事を取り違える
□	遮天蔽日	zhētiān-bìrì	天を遮り地を覆う

▶遮天蔽日的雾霾（空を遮るスモッグ）

□	争先恐后	zhēngxiān-kǒnghòu	先を争う
□	郑重其事	zhèngzhòng-qíshì	厳粛である
□	支离破碎	zhīlí-pòsuì	ばらばらである
□	直截了当	zhíjié-liǎodàng	単刀直入である

▶直截了当地抒发自己的思想感情（率直に自分の気持ちを述べる）

□	纸醉金迷	zhǐzuì-jīnmí	ぜいたく三昧の暮らし
□	趾高气扬	zhǐgāo-qìyáng	得意満面
□	置之度外	zhìzhī-dùwài	度外視する
□	终身大事	zhōngshēn-dàshì	一生の大事，結婚
□	众目睽睽	zhòngmù-kuíkuí	多くが見張っている

▶在众目睽睽之下（衆人環視の下）

□	众说纷纭	zhòngshuō-fēnyún	諸説紛紛としている
□	周而复始	zhōu'érfùshǐ	一周してまた始まる，循環する
□	专心致志	zhuānxīn-zhìzhì	一意専心
□	转弯抹角	zhuǎnwān-mòjiǎo	回りくどい言い方をする
□	子虚乌有	zǐxū-wūyǒu	ありもしないこと，作り話
□	自告奋勇	zìgào-fènyǒng	困難や危険なことを自ら買って出る
□	自鸣得意	zìmíng-déyì	自ら得意がる
□	自命不凡	zìmìng-bùfán	自分は非凡であるとうぬぼれる
□	自然而然	zìrán'érrán	自然に
□	自怨自艾	zìyuàn-zìyì	非を悔いる
□	纵横驰聘	zònghéng-chíchěng	縦横無尽に駆け回る

語彙集

	□ 走投无路	zǒutóu-wúlù	行き場を失う，窮地に陥る
	□ 罪魁祸首	zuìkuí-huòshǒu	悪事の張本人
	□ 左邻右舍	zuǒlín-yòushè	隣近所

慣用句

B	□ 帮倒忙	bāng dàománg	手伝いのつもりがかえって邪魔になる
	□ 爆冷门儿	bào lěngménr	番狂わせが起こる
	□ 不管三七二十一	bùguǎn sān qī èrshíyī	委細かまわず
C	□ 拆东墙，补西墙	chāi dōngqiáng, bǔ xīqiáng	一時しのぎの手段を取る
	□ 唱对台戏	chàng duìtáixì	相手の向こうを張る
	□ 成气候	chéng qìhòu	ものになる〔多く否定に用いる〕 ▶不成气候（見込みがない）
	□ 吃不了，兜着走	chībuliǎo, dōuzhe zǒu	（食べきれず包んで帰る→）失敗したらその後始末をする
	□ 吃错药	chī cuò yào	（薬を間違える→）常軌を逸している
	□ 吃官司	chī guānsi	訴えられる
	□ 吃小灶	chī xiǎozào	特別な優遇を受ける
	□ 出风头	chū fēngtou	出しゃばる
	□ 出洋相	chū yángxiàng	失態を演じる
	□ 吹牛皮	chuī niúpí	ほらを吹く
	□ 凑热闹	còu rènao	遊びの仲間入りをする，じゃまをする
D	□ 打成一片	dǎchéng-yípiàn	一体になる
	□ 打官腔	dǎ guānqiāng	役人口調で話す
	□ 打开天窗说亮话	dǎkāi tiānchuāng shuō liànghuà	ざっくばらんに話す
	□ 打马虎眼	dǎ mǎhuyǎn	いいかげんなことを言ってごまかす
	□ 打水漂儿	dǎ shuǐpiāor	無駄づかいする
	□ 打退堂鼓	dǎ tuìtánggǔ	途中で撤退する
	□ 打下手	dǎ xiàshǒu	助手を務める
	□ 打小算盘	dǎ xiǎosuànpan	目先の損得勘定をする
	□ 打圆场	dǎ yuánchǎng	（間に立って）丸く収める

	□	打肿脸充胖子	dǎ zhǒng liǎn chōng pàngzi	（顔をたたいて太ったふりをする→）虚勢を張る
	□	戴高帽儿	dài gāomàor	おだてる
	□	刀子嘴，豆腐心	dāozizuǐ, dòufuxīn	口は悪いが，気は優しい
	□	倒牌子	dǎo páizi	ブランドイメージを悪くする
	□	倒胃口	dǎo wèikou	うんざりする，飽き飽きする
	□	倒打一耙	dàodǎ-yìpá	逆ねじを食わせる
	□	得理不饶人	délǐ bù ráo rén	（理があることを笠に着て）譲歩しない
	□	第一时间	dì-yī shíjiān	（事件発生）直後の時間
	□	垫脚石	diànjiǎoshí	（出世の）踏み台
	□	吊胃口	diào wèikǒu	もったいぶる，興味を掻き立てる
	□	掉链子	diào liànzi	支障をきたす
	□	定调子	dìng diàozi	方向性を決める
	□	定心丸	dìngxīnwán	鎮静剤，人を安心させる言動
	□	兜圈子	dōu quānzi	回りくどい言い方をする
	□	多一事不如少一事	duō yí shì bùrú shǎo yí shì	余計なことをするよりやらないほうがよい
E	□	二一添作五	èr yī tiānzuò wǔ	折半する
F	□	风马牛不相及	fēng mǎ niú bù xiāng jí	互いに少しも関係がない
	□	覆巢之下焉有完卵	fù cháo zhī xià yān yǒu wánluǎn	国が滅びれば，人民もともに滅びる
G	□	高不成，低不就	gāo bù chéng, dī bú jiù	望んでいるものは手が届かず，理想にかなわないものは欲しくない
	□	隔三岔五	gésān-chàwǔ	しょっちゅう
	□	各打五十大板	gè dǎ wǔshí dàbǎn	（双方に50回尻たたきの刑を与える→）けんか両成敗〔"各打四十大板"ともいう〕
H	□	好了伤疤忘了疼	hǎole shāngbā wàngle téng	のどもと過ぎれば熱さを忘れる〔"好了疮疤忘了痛"ともいう〕
	□	好马不吃回头草	hǎo mǎ bù chī huítóu cǎo	（よいウマは戻って草を食べない→）立派な人は過去のことにこだわらない
	□	好说歹说	hǎoshuō-dǎishuō	あれこれ説得する
	□	喝西北风	hē xīběifēng	ひもじい思いをする
	□	和尚打伞，无法无天	héshang dǎsǎn, wú fǎ wú tiān	（お坊さんが傘をさすと無髪（無法）で空が見えない→）勝手放題をする

語彙集

□	恨铁不成钢	hèn tiě bù chéng gāng	（鉄が鋼にならないことを残念に思う→）早く立派な人になって欲しいと願う
□	横挑鼻子竖挑眼	héng tiāo bízi shù tiāo yǎn	あら捜しをする
□	化干戈为玉帛	huà gāngē wéi yùbó	戦争から平和に転ずる
□	换汤不换药	huàn tāng bú huàn yào	（（煎じ薬の）湯を換えて薬を換えない→）形式だけを変えて内容を変えない
□	活受罪	huóshòuzuì	ほんとうに困ったことだ
□	和稀泥	huò xīní	なあなあでまとめる
J □	鸡蛋里挑骨头	jīdàn li tiāo gǔtou	あら捜しをする
□	既来之，则安之	jì lái zhī, zé ān zhī	そこに来た以上はそこに落ち着く
□	姜是老的辣	jiāng shì lǎo de là	（ショウガは古いほど辛い→）亀の甲より年の功
□	交白卷	jiāo báijuàn	（答案を白紙のまま出す→）任務や課題などをまったく実行しない
□	九牛二虎之力	jiǔ niú èr hǔ zhī lì	きわめて大きな力 ▶费九牛二虎之力（あらん限りの力を尽くす）
□	君子一言驷马难追	jūnzǐ yì yán sì mǎ nán zhuī	君子に二言はない
K □	开弓没有回头箭	kāi gōng méiyǒu huítóujiàn	放たれた矢は元に戻らない
□	开绿灯	kāi lǜdēng	ゴーサインを出す
□	开门红	kāiménhóng	初めから優れた成績を上げる
□	开小差	kāi xiǎochāi	気が散る
□	靠山吃山，靠水吃水	kào shān chī shān, kào shuǐ chī shuǐ	その場にある有利な条件を拠りどころとする
□	可圈可点	kěquān-kědiǎn	称賛に値する
L □	拉山头	lā shāntóu	宗派を結成する
□	雷声大，雨点小	léishēng dà, yǔdiǎn xiǎo	掛け声ばかりで行動が伴わない
□	留尾巴	liú wěiba	問題を後に残す
□	露马脚	lòu mǎjiǎo	馬脚をあらわす
□	露一手	lòu yìshǒu	腕前を披露する

	☐ 驴年马月	lǘnián-mǎyuè	いつになるかわからない
M	☐ 卖力气	mài lìqi	精を出す
	☐ 没大没小	méidà-méixiǎo	長幼の序をわきまえない
	☐ 没好气儿	méi hǎoqìr	ぶすっとした態度をとる
	☐ 没完没了	méiwán méiliǎo	果てしがない
	☐ 蒙在鼓里	méng zài gǔ li	蚊帳の外に置かれる
	☐ 摸不着头脑	mōbuzháo tóunǎo	事情がさっぱりつかめない
P	☐ 拍胸脯	pāi xiōngpú	胸をたたく，請け負う
	☐ 刨根问底	páogēn wèndǐ	根掘り葉掘り問いただす
	☐ 跑龙套	pǎo lóngtào	使い走りをする
	☐ 跑生意	pǎo shēngyi	行商をする
	☐ 赔了夫人又折兵	péile fūren yòu zhébīng	利益を得ようとして逆に思わぬ損をする
	☐ 碰一鼻子灰	pèng yì bízi huī	冷たくあしらわれ，落胆する
	☐ 碰运气	pèng yùnqi	運を試す
	☐ 漂洋过海	piāoyáng-guòhǎi	はるばると海を渡る
	☐ 泼冷水	pō lěngshuǐ	水を差す
Q	☐ 墙倒众人推	qiáng dǎo zhòngrén tuī	（塀が倒れようになると皆が押し倒そうとする→）落ち目になった人は世間からばかにされる
	☐ 亲兄弟，明算账	qīn xiōngdì, míng suànzhàng	兄弟でもお金のことはきちんと清算しなければならない
	☐ 情人眼里出西施	qíngrén yǎn li chū Xīshī	（恋人の目の中に西施（美人）が出る→）あばたもえくぼ
	☐ 求爷爷，告奶奶	qiú yéye, gào nǎinai	あちこち走り回ってお願いする
R	☐ 热锅上的蚂蚁	règuō shàng de mǎyǐ	（熱い鍋の上のアリ→）居ても立っても居られない
	☐ 人不可貌相，海水不可斗量	rén bù kě màoxiàng, hǎishuǐ bù kě dǒu liáng	人は見かけによらぬもの
S	☐ 三寸不烂之舌	sān cùn bú làn zhī shé	巧みな弁舌
	☐ 三思而后行	sān sī ér hòu xíng	何度も考えてから行なう
	☐ 三天打鱼，两天晒网	sāntiān-dǎyú, liǎngtiān-shàiwǎng	三日坊主

	□	三下五除二	sān xià wǔ chú èr	てきぱきとする
	□	上刀山，下火海	shàng dāoshān, xià huǒhǎi	(剣の山に登り火の海に飛び込む→) 如何なる危険も恐れない
	□	省油灯	shěngyóu dēng	(油の節約できるランプ→) 手間がかからないおとなしい人〔多く否定に用いる〕 ▶他不是个省油灯（彼はおとなしい人物ではない）
	□	竖大拇指	shù dàmǔzhǐ	(親指を立てる→) 称賛する
	□	耍大牌	shuǎ dàpái	大物ぶる
	□	耍心眼儿	shuǎ xīnyǎnr	こざかしいことをする
	□	说时迟，那时快	shuō shí chí, nà shí kuài	事が瞬く間に起こる
T	□	太岁头上动土	Tàisuì tóu shang dòng tǔ	身の程知らずのことをする
	□	桃李满天下	táolǐ mǎn tiānxià	門弟が至るところにいる
	□	挑大梁	tiǎo dàliáng	大黒柱となる
	□	听风就是雨	tīng fēng jiù shì yǔ	ちょっと聞いただけで本気にする
	□	捅娄子	tǒng lóuzi	面倒を引き起こす
	□	头痛医头，脚痛医脚	tóutòng-yītóu, jiǎotòng-yījiǎo	その場しのぎをする
	□	拖后腿	tuō hòutuǐ	後ろから足を引っ張る
W	□	万事开头难	wànshì kāitóu nán	何事も初めが難しい
	□	无风不起浪	wú fēng bù qǐ làng	火のないところに煙は立たぬ
	□	无巧不成书	wú qiǎo bù chéng shū	思いがけないことはあるものだ
	□	无事不登三宝殿	wú shì bù dēng sānbǎodiàn	用があるからこそ来る
X	□	下台阶	xià táijiē	窮状を逃れる
	□	心有灵犀一点通	xīn yǒu língxī yì diǎn tōng	以心伝心でわかる
	□	绣花枕头	xiùhuā zhěntou	見かけは立派でも内容がない人物
Y	□	眼中钉，肉中刺	yǎn zhōng dīng, ròu zhōng cì	目の上のたんこぶ
	□	一碗水端平	yì wǎn shuǐ duān píng	(碗の水をこぼさないように平に持つ→) 公平に対処する

□	硬着头皮	yìngzhe tóupí	嫌だが無理して
□	有鼻子有眼儿	yǒu bízi yǒu yǎnr	まことしやかだ
□	有来头	yǒu láitou	背景がある
□	有两下子	yǒu liǎngxiàzi	腕前を持っている
□	有头有脸	yǒutóu-yǒuliǎn	名誉があり，威信がある
□	有心眼儿	yǒu xīnyǎnr	賢い
□	有眼不识泰山	yǒu yǎn bù shí Tài Shān	（目があっても泰山が見えない→）お見それしました
□	有则改之，无则加勉	yǒu zé gǎi zhī, wú zé jiā miǎn	（誤りが）あれば改め，なければいっそう努力する

Z

□	栽跟头	zāi gēntou	つまずく
□	宰相肚里能撑船	zǎixiàng dù lǐ néng chēng chuán	（宰相の腹は広くてその中で船を漕げるほどである→）度量が大きく我慢強くなければならない
□	站不住脚	zhànbuzhù jiǎo	成り立たない
□	这山望着那山高	zhè shān wàngzhe nà shān gāo	他人のものはよく見える
□	睁眼说瞎话	zhēngyǎn shuō xiāhuà	ぬけぬけとでたらめを言う
□	睁一只眼，闭一只眼	zhēng yì zhī yǎn, bì yì zhī yǎn	見て見ぬふりをする
□	走过场	zǒu guòchǎng	いいかげんにその場をごまかす
□	走弯路	zǒu wānlù	回り道をする
□	走下坡路	zǒu xiàpōlù	下り坂を歩く，落ち目になる
□	走着瞧	zǒuzheqiáo	いまに見ていろ
□	做手脚	zuò shǒujiǎo	こっそり手を回す
□	做文章	zuò wénzhāng	腕を振るう
			▶大有文章可做（大いにやるべきことがある）

動詞

B

□	巴不得	bābude	…したくてたまらない
□	把关	bǎguān	厳しく検査する
			▶把住质量关（品質をチェックする）

□	把握	bǎwò	捉える
			▶把握机会（チャンスをつかむ）
□	摆阔	bǎikuò	金持ちぶる
□	败落	bàiluò	落ちぶれる
□	帮扶	bāngfú	サポートする
			▶帮扶平台（サポートデスク）
□	绑架	bǎngjià	拉致する
□	抱怨	bàoyuan	恨みごとを言う
□	悲悯	bēimǐn	かわいそうに思う
□	变卦	biànguà	心変わりする
□	补钙	bǔgài	カルシウムを補給する，エネルギーを加える
□	不够	búgòu	不足している
			▶不够朋友（友達がいがない）
□	不容	bùróng	許さない
□	不善	búshàn	…するのが下手である
			▶不善辞令（社交下手）
□	不屑	búxiè	…するに値しない
			▶不屑一顾（一顧だに値しない）
□	不至于	búzhìyú	…するほどのことはない
C □	参天	cāntiān	（樹木などが）空高くそびえる
			▶参天大树（空高くそびえる大木）
□	侧耳	cè'ěr	耳を傾ける
			▶侧耳倾听（耳をそばだてて聞く）
□	搀扶	chānfú	支え助ける
□	缠	chán	絡む
			▶缠在一起（絡み合う）
□	阐述	chǎnshù	詳しく述べる
□	敞开	chǎngkāi	大きく広げる
			▶敞开胸襟（胸襟を開く）
□	倡导	chàngdǎo	提唱する
□	超凡	chāofán	凡俗を超越する
			▶超凡脱俗（非常に上品である）
□	超速	chāosù	スピードオーバー
			▶路上开车超速（速度違反運転をする）

□ 炒鱿鱼	chǎo yóuyú	解雇する	
		▶被公司炒鱿鱼（会社を首になる）	
□ 撤销	chèxiāo	取り消す	
		▶撤销职务（免職する）	
□ 沉溺	chénnì	耽溺する	
		▶不要沉溺于过去（過去の栄光に酔っていてはならない）	
□ 衬托	chèntuō	引き立てる	
□ 成瘾	chéngyǐn	癖になる	
□ 呈现	chéngxiàn	呈する	
		▶呈现…的趋势（…の傾向を呈する）	
□ 乘凉	chéngliáng	涼をとる	
□ 吃不消	chībuxiāo	耐えられない	
□ 吃不准	chībuzhǔn	はっきり把握できない	
□ 痴迷于…	chīmíyú…	…に溺れる	
□ 持	chí	持つ	
		▶对此持反对意见（これに反対の意見を持つ）	
□ 冲淡	chōngdàn	薄める，弱める	
□ 充斥	chōngchì	はびこる	
		▶充斥市场（市場にはびこる）	
□ 充值	chōngzhí	チャージする	
□ 重启	chóngqǐ	再起動する	
		▶重启机制（システムを作り直す）	
□ 崇尚	chóngshàng	あがめ尊ぶ	
□ 出气	chūqì	うっぷんを晴らす	
□ 触摸	chùmō	手で触れる	
□ 揣测	chuǎicè	憶測する	
□ 穿越	chuānyuè	通り抜ける	
		▶穿越时空（時空を超える）	
□ 传承	chuánchéng	受け継ぐ	
		▶年夜饭传承了中国古老的习俗（おせち料理は中国古来の風俗習慣を受け継いでいる）	
□ 串门	chuànmén	よその家に遊びに行く	

語彙集

□	闯祸	chuǎnghuò	禍を引き起こす
			▶从来没有闯过这么大的祸（今までこんな大きな災いを引き起こしたことはない）
□	赐予	cìyǔ	賜る
□	凑热闹	còu rènao	遊びの仲間入りをする
□	挫败	cuòbài	挫折する
□	错怪	cuòguài	誤って人を責める
D □	打盹儿	dǎdǔnr	居眠りをする
□	打发	dǎfa	立ち去らせる
□	打假	dǎjiǎ	偽物商品を摘発する
□	打交道	dǎ jiāodao	付き合う
			▶跟…打交道（…と付き合う）
□	打造	dǎzào	創造する
□	耽误	dānwu	手遅れになる
			▶耽误时间（時間を遅らせる，手間を取らせる）
□	淡忘	dànwàng	少しずつ忘れる
□	导致	dǎozhì	招く，引き起こす
□	倒计时	dàojìshí	カウントダウンする
□	道别	dàobié	別れを告げる
□	得到启发	dédào qǐfā	啓発される
□	等于	děngyú	…に等しい
□	诋毁	dǐhuǐ	悪口を言う
□	颠簸	diānbǒ	上下に揺れる
□	惦念	diànniàn	気にかける
□	奠定	diàndìng	定める，固める
□	刁难	diāonàn	難癖をつける
□	叮	dīng	（蚊が）刺す
□	叮嘱	dīngzhǔ	くれぐれも言い聞かせる
□	定位	dìngwèi	評価する
			▶给…定位（…に評価を与える）
□	丢弃	diūqì	捨てる
□	洞悉	dòngxī	知りぬく
□	逗笑	dòuxiào	人を笑わせる
□	督导	dūdǎo	監督して指導する
□	赌气	dǔqì	腹を立てる

☐	对付	duìfu	対応する
☐	兑现	duìxiàn	（約束を）実行する
E ☐	扼腕	èwàn	はがゆがったり，憤ったりして自分の腕を握りしめる
☐	恶作剧	èzuòjù	いたずらをする
F ☐	发福	fāfú	太る〔中年以上の人に対して用いる〕
☐	翻脸	fānliǎn	がらりと態度を変える
☐	繁衍	fányǎn	増殖する
☐	犯得着	fàndezháo	…する必要がある〔多く反語文に用いる〕
☐	放冷风	fàng lěngfēng	デマをとばす
☐	飞逝	fēishì	飛ぶように過ぎ去る
☐	费心思	fèi xīnsī	心を煩わす
☐	纷呈	fēnchéng	続々と現れる
☐	奉承	fèngcheng	おべっかを使う
☐	服输	fúshū	負けを認める
☐	俯瞰	fǔkàn	高いところから見下ろす
☐	腐蚀	fǔshí	腐食する，堕落させる
☐	复读	fùdú	留年して再履修する
G ☐	甘愿	gānyuàn	喜んで…する
			▶甘愿冒险（自ら進んで冒険をする）
☐	感受	gǎnshòu	感じる
☐	高就	gāojiù	栄転する
☐	高耸	gāosǒng	高くそびえる
☐	搁置	gēzhì	置く
			▶把这件事搁置下来（この件は置いておく）
☐	根植	gēnzhí	根を下ろす〔多く比喩的に用いる〕
☐	攻读	gōngdú	一心に学ぶ
☐	构建	gòujiàn	築く，構築する
			▶构建大厦（ビルを建設する）
☐	购置	gòuzhì	買い入れる
☐	估量	gūliang	見積もる
☐	辜负	gūfù	背く
			▶辜负信任（信頼に背く）
☐	怪罪	guàizuì	とがめる
			▶怪罪于…（…のせいにする）

□	惯	guàn	甘やかす
□	灌输	guànshū	注ぎ込む
			▶灌输…的理念（…の理念を刷り込む）
□	光顾	guāngù	ご愛顧を賜る
□	归咎	guījiù	罪を人になすりつける
			▶归咎于…（…のせいにする）
□	果腹	guǒfù	満腹になる
□	过不去	guòbuqù	難癖をつける
H	□ 好意思	hǎoyìsi	平気でいる〔反語文に用いる〕
□	呵护	hēhù	保護する
□	合乎	héhū	…に合う
			▶合乎逻辑（論理に適う）
□	何止	hézhǐ	…にとどまらない
□	恨不得	hènbude	…できないのが残念である
□	横扫	héngsǎo	掃討する，さっと見回す
□	红脸	hóngliǎn	腹を立てる，けんかをする
□	呼吁	hūyù	呼びかける
□	忽略	hūlüè	なおざりにする
□	忽视	hūshì	軽視する
□	化解	huàjiě	取り除く
□	换取	huànqǔ	交換によって手に入れる
□	慌神儿	huāngshénr	どぎまぎする
□	挥霍	huīhuò	金銭を湯水のごとく使う
□	回击	huíjī	反撃する
□	回首	huíshǒu	後ろを振り返る
□	回味	huíwèi	追憶する
J	□ 讥讽	jīfěng	皮肉る
□	积分	jīfēn	ポイントをためる
□	激发	jīfā	呼び起こす
			▶让社会激发更多潜能（社会により多くの潜在能力を呼び起こさせる）
□	汲取	jíqǔ	汲み取る
□	几经	jǐjīng	何度も経る
□	加大	jiādà	大きくする
			▶加大…的力度（…の力を強める）

☐	加塞儿	jiāsāir	（列などに）割り込む
☐	坚定	jiāndìng	固める
			▶坚定了人生的方向（人生の方向を固めた）
☐	检讨	jiǎntǎo	反省する
☐	减缓	jiǎnhuǎn	（速度を）ゆるめる
☐	剪彩	jiǎncǎi	テープカットをする
☐	讲价	jiǎngjià	値段を交渉する
☐	交融	jiāoróng	融け合う
☐	交织	jiāozhī	入り混じる
☐	较劲	jiàojìn	腕比べをする
☐	接龙	jiēlóng	しりとりをする
☐	揭晓	jiēxiǎo	公表する
☐	截至	jiézhì	…までで締め切る
☐	戒除	jièchú	やめる
☐	借鉴	jièjiàn	手本にする
☐	进餐	jìncān	食事をとる
☐	禁忌	jìnjì	避ける
☐	经得起	jīngdeqǐ	耐えられる〔動詞＋可能補語〕
			▶经得起实践和历史检验（実践と歴史の検証に耐えることができる）
☐	咀嚼	jǔjué	噛む
☐	聚焦	jùjiāo	ピントを合わせる
☐	决策	juécè	策略を決める
☐	角逐	juézhú	争う
☐	攫取	juéqǔ	強奪する

K

☐	开创	kāichuàng	切り開く
			▶开创…的先河（…の先駆けとなる）
☐	开怀	kāihuái	心から楽しむ
			▶开怀畅谈（心行くまで話をする）
☐	开窍	kāiqiào	納得する
☐	开通	kāitong	新しいものに改める
☐	开脱	kāituō	（責任などを）逃れる
☐	抗衡	kànghéng	対抗する
			▶与…抗衡（…に匹敵する）
☐	考研	kǎoyán	大学院を受験する

語彙集

□	苛求	kēqiú	厳しすぎる要求をする
□	瞌睡	kēshuì	居眠りをする
□	扣	kòu	天引きする
			▶扣工资（給料から差し引く）
□	垮	kuǎ	崩れる，だめになる
□	亏损	kuīsǔn	欠損する
□	捆绑	kǔnbǎng	縛る
L □	拉锯	lājù	のこぎりをひく
			▶拉锯战（一進一退の戦い，シーソーゲーム）
□	赖以	làiyǐ	（…する上で）…に頼る
□	怜爱	lián'ài	いとおしむ
□	怜惜	liánxī	憐れみいつくしむ
□	练就	liànjiù	練習して身につける
□	领军	lǐngjūn	集団を率いる
□	领略	lǐnglüè	味わう
□	领情	lǐngqíng	（好意などを）ありがたく受け取る
□	浏览	liúlǎn	ざっと目を通す
□	笼罩	lóngzhào	上から覆う
□	露面儿	lòumiànr	（人前に）顔を出す
□	乱套	luàntào	めちゃくちゃになる
□	落榜	luòbǎng	落第する，不合格になる
□	落伍	luòwǔ	落伍する，時代遅れになる
M □	买账	mǎizhàng	相手の長所を認める
			▶不买账（認めない）
□	卖弄	màinong	ひけらかす
□	冒名	màomíng	他人の名前をかたる
□	没门儿	méiménr	同意できない，だめである
□	没完	méiwán	とことんまでやる
□	蒙蔽	méngbì	欺く
□	迷惑	míhuo	惑わす
□	面临	miànlín	直面する
N □	纳闷儿	nàmènr	合点がいかない
			▶心里纳闷儿（気持ちが納得できない）
□	难以	nányǐ	…しがたい
			▶难以置信（信じられない）

		扭转	niǔzhuǎn	転換する
P	□	拍板	pāibǎn	決定を下す
	□	攀比	pānbǐ	互いに張り合う
	□	陪伴	péibàn	付き添う
	□	赔本	péiběn	元手をなくす
	□	赔不是	péi bùshi	謝る
	□	喷洒	pēnsǎ	吹きかける

▶喷洒农药（農薬を吹きかける）

	□	烹调	pēngtiáo	調理する
	□	捧场	pěngchǎng	場を盛り上げる
	□	漂泊	piāobó	漂流する
	□	拼搏	pīnbó	力を傾けて闘う
	□	凭借	píngjiè	頼る
	□	破费	pòfèi	散財する
	□	破例	pòlì	慣例を破る
	□	铺垫	pūdiàn	敷く，下に当てる
	□	普惠	pǔhuì	広く恩恵を与える

▶普惠大众（多くの人に恩恵を与える）

Q	□	起步	qǐbù	歩き出す，着手する

▶起步很晚（スタートするのが遅い）

	□	气喘	qìchuǎn	あえぐ

▶气喘吁吁地跑来（あえぎながら駆けて来る）

	□	迁就	qiānjiù	譲歩する
	□	迁徙	qiānxǐ	移動する
	□	牵连	qiānlián	結びつく

▶牵连在一起（一緒に結びつける）

	□	欠	qiàn	欠ける
	□	歉收	qiànshōu	凶作になる
	□	抢白	qiǎngbái	面と向かって責める
	□	强迫	qiǎngpò	無理強いする
	□	侵扰	qīnrǎo	侵す
	□	青睐	qīnglài	歓迎する

▶受青睐（歓迎される）

	□	倾囊	qīngnáng	有り金をはたく
	□	庆幸	qìngxìng	喜び祝う

語彙集

□	取决	qǔjué	…によって決まる〔"取决于…"の形で用いることが多い〕
□	诠释	quánshì	説明する
□	劝阻	quànzǔ	忠告してやめさせる
R □	忍受	rěnshòu	耐え忍ぶ ▶忍受折磨（いじめに耐える）
□	认同	rèntóng	一体感を持つ，アイデンティティを持つ
□	入伙	rùhuǒ	仲間に入る ▶拉…入伙（…を仲間に引き入れる）
□	入流	rùliú	あるレベルのランクに入る
S □	散发	sànfā	発散する
□	扫描	sǎomiáo	スキャンする
□	杀戮	shālù	殺害する
□	善待	shàndài	大切にする
□	商榷	shāngquè	検討する
□	赏识	shǎngshí	評価する ▶得上司的赏识（上司から認められる）
□	上进	shàngjìn	向上する
□	上调	shàngtiáo	値上げする
□	深造	shēnzào	造詣を深める
□	神往	shénwǎng	憧れる ▶令人神往（憧れを抱かせる）
□	升级	shēngjí	エスカレートする
□	升温	shēngwēn	ヒートアップする
□	盛行	shèngxíng	流行する
□	收效	shōuxiào	効果を収める ▶收效甚微（効果がはなはだ少ない）
□	首选	shǒuxuǎn	最初に選ぶ ▶…的首选（…の中で最初に選ばれるもの）
□	受益	shòuyì	利益を受ける ▶受益匪浅（益するところが大である）
□	疏忽	shūhu	おろそかにする
□	数落	shǔluo	あれこれ言う
□	树立	shùlì	打ち立てる
□	衰退	shuāituì	衰える

□	松绑	sōngbǎng	縄を解く
□	索赔	suǒpéi	賠償を要求する，クレームを出す
□	锁定	suǒdìng	固定する，確定する
T □	抬杠	táigàng	言い争う，水かけ論をする
□	谈不上	tánbushàng	…とは言えない〔動詞＋可能補語〕
□	坦陈	tǎnchén	率直に述べる
□	探讨	tàntǎo	詳細に研究する
□	陶冶	táoyě	陶冶する，鍛え上げる
			▶陶冶性情（品性を陶冶する）
□	陶醉	táozuì	陶酔する，うっとりする
□	腾	téng	空ける
□	提升	tíshēng	昇格させる
			▶提升能力（能力を向上させる）
□	添置	tiānzhì	買い足す
□	挑衅	tiǎoxìn	挑発する
□	贴近	tiējìn	接近する
□	停火	tínghuǒ	停戦する
□	停滞	tíngzhì	停滞する
			▶停滞不前（足踏みする）
□	通车	tōngchē	開通する
□	通晓	tōngxiǎo	精通する，よく知っている
□	投机	tóujī	チャンスを狙う
□	吐露	tǔlù	吐露する
□	推动	tuīdòng	促進する，推進する
□	拖延	tuōyán	引き延ばす
			▶拖延吃饭的时间（食事の時間を遅らせる）
□	拓宽	tuòkuān	開拓し広げる
W □	挖苦	wāku	嫌味を言う
□	外卖	wàimài	テイクアウト販売をする
□	往返	wǎngfǎn	往復する
			▶往返于…之间（…の間を行ったり来たりする）
□	威慑	wēishè	武力で敵を威嚇する
□	为人	wéirén	身を処する
			▶为人处世（人として生き，世に処する）
□	围绕	wéirào	…をめぐって

語彙集

□	唯恐	wéikǒng	…だけが気にかかる
□	维系	wéixì	連携を維持する
□	委屈	wěiqu	つらい思いをさせる
			▶受委屈（つらい思いをさせられる）
□	喂食	wèishí	食事を与える，えさを与える
□	慰藉	wèijiè	慰める
□	无所谓	wúsuǒwèi	どちらでもよい
□	无暇	wúxiá	暇がない
			▶无暇陪伴父母（両親に付き添う暇がない）

X

□	下跌	xiàdiē	下がる，下落する
□	下滑	xiàhuá	下がる
□	闲置	xiánzhì	使わずにおく
□	陷落	xiànluò	落ち込む
□	献媚	xiànmèi	媚びを売る
□	相距	xiāngjù	隔たっている
			▶与教养相距千里（教養とは遥かに隔たっている）
□	消磨	xiāomó	過ごす，つぶす
□	亵渎	xièdú	冒涜する
□	邂逅	xièhòu	巡り合う
□	兴起	xīngqǐ	起こる
□	幸存	xìngcún	幸いにして生き残る
□	幸免	xìngmiǎn	幸いにも免れる
□	羞辱	xiūrǔ	辱める
□	许诺	xǔnuò	承諾する
□	宣布	xuānbù	公表する
□	悬挂	xuánguà	掛ける
□	炫耀	xuànyào	ひけらかす
□	寻觅	xúnmì	探し求める

Y

□	延展	yánzhǎn	延びる
□	研读	yándú	丹念に読む
□	掩饰	yǎnshì	隠す
			▶脸上掩饰不住骄傲和喜悦（顔に誇りと喜びが浮かぶのを隠せない）
□	艳羡	yànxiàn	非常に羨む

□	扬长	yángcháng	大手を振る
			▶扬长而去（堂々と去っていく）
□	仰面	yǎngmiàn	仰向く
			▶仰面躺着（仰向けに寝ている）
□	仰慕	yǎngmù	敬慕する
□	养成	yǎngchéng	身につける
			▶养成…的习惯（…の習慣をつける）
□	一刀切	yìdāoqiē	画一的に処理する
□	疑虑	yílǜ	心配する，懸念する
□	引发	yǐnfā	誘発する
			▶引发…的欲望（…の欲望を引き起こす）
□	营销	yíngxiāo	営業販売する
□	营造	yíngzào	計画的につくる
			▶营造氛围（ムードをつくる）
□	应酬	yìngchou	交際する，対応する
□	应对	yìngduì	対応する
			▶应对需求（需要に対応する）
□	应付	yìngfu	対処する
□	应聘	yìngpìn	招請に応じる
□	应验	yìngyàn	（予言が）当たる
□	踊跃	yǒngyuè	先を争う
□	用以	yòngyǐ	もって…する
			▶用以发电的能源（発電に用いるエネルギー）
□	有所	yǒusuǒ	多少…するところがある
			▶有所不同（多少異なるところがある）
□	遇险	yùxiǎn	遭難する
□	御寒	yùhán	防寒する
□	圆寂	yuánjì	（僧・尼が）死ぬ
□	圆梦	yuánmèng	夢を実現する
□	蕴含	yùnhán	含む，含意する
Z □	在意	zàiyì	気にする
			▶在意别人的评判议论（他人の評判を気にする）
□	赞许	zànxǔ	称賛する
□	憎恨	zēnghèn	憎み恨む

語彙集

□	辗转	zhǎnzhuǎn	寝返りを打つ
□	张扬	zhāngyáng	言いふらす
□	找碴儿	zhǎochár	言いがかりをつける
□	照搬	zhàobān	そっくりまねる
□	照看	zhàokàn	世話をする
□	遮蔽	zhēbì	遮る
□	遮挡	zhēdǎng	遮る
□	折射	zhéshè	屈折する，反映する
□	争气	zhēngqì	がんばる
□	争执	zhēngzhí	論争する
□	征集	zhēngjí	広く募る
□	拯救	zhěngjiù	救う
□	支取	zhīqǔ	（金を）引き出す，受け取る
□	支招儿	zhīzhāor	（碁や将棋で）そばから口を出す
□	知晓	zhīxiǎo	知る
□	执意	zhíyì	自分の意見に固執する
□	止渴	zhǐkě	のどの渇きをいやす
□	指点	zhǐdiǎn	とやかく言う
□	指使	zhǐshǐ	そそのかす
□	指向	zhǐxiàng	方向を示す
□	置身	zhìshēn	身を置く

▶只要置身于这样的公共空间，你就无法抗拒噪音的干扰。(このような公共の空間に見を置きさえすれば，あなたは騒音の干渉に抗えなくなる)

□	置业	zhìyè	不動産を買う
□	钟情	zhōngqíng	惚れる
□	注定	zhùdìng	運命づけられている
□	装点	zhuāngdiǎn	飾りつける
□	追逐	zhuīzhú	追いかける
□	自拔	zìbá	自ら抜け出す
□	自理	zìlǐ	自分で処理する
□	综观	zōngguān	俯瞰する
□	纵容	zòngróng	黙認する，放っておく
□	走调儿	zǒudiàor	調子がはずれる
□	走神儿	zǒushénr	ぼんやりする

	走私	zǒusī	密輸をする
□	足以	zúyǐ	十分…できる
□	阻碍	zǔ'ài	妨げる
□	阻隔	zǔgé	隔てられる
□	阻挠	zǔnáo	邪魔をする
□	钻空子	zuān kòngzi	すきにつけこむ
□	尊崇	zūnchóng	尊敬する
□	作息	zuòxī	働くことと休むこと
			▶作息时间（日常生活）
□	坐落	zuòluò	位置する

形容詞

A	□	昂贵	ángguì	値段が高い
	□	盎然	àngrán	（気分などが）満ちあふれている
	□	傲人	àorén	（成績などが）誇らしい
				▶成绩傲人（成績が誇らしい）
B	□	白蒙蒙	báiméngméng	（煙や霧などが）白く立ち込める
	□	便捷	biànjié	手軽で便利である
	□	别致	biézhì	ユニークである
				▶样子很别致（形がユニークだ）
	□	别扭	bièniu	わかりにくい，通りが悪い
	□	不对劲	bú duìjìn	しっくりしない，うまが合わない
	□	不菲	bùfěi	高価である
				▶价格不菲（値段が高い）
C	□	惨痛	cǎntòng	痛ましい
	□	怅然	chàngrán	ふさぎ込んでいる
	□	畅通	chàngtōng	滞りなく通じる
				▶畅通无阻的高速公路（車が滞りなく走る高速道路）
	□	超脱	chāotuō	自由闊達である
	□	沉甸甸	chéndiàndiàn	ずっしりと重い
	□	称职	chènzhí	適任である
	□	诚信	chéngxìn	誠実である

□	诚挚	chéngzhì	真摯である
□	吃不开	chībukāi	通用しない
□	吃得开	chīdekāi	受けがよい
□	充裕	chōngyù	豊かである
□	传神	chuánshén	真に迫る
			▶演得传神（迫真の演技）
□	粗糙	cūcāo	（作りが）雑である
D □	淡漠	dànmò	ぼんやりしている
□	到家	dàojiā	十分なレベルに達する
□	到位	dàowèi	ふさわしい，満足である
□	陡峭	dǒuqiào	険しい
			▶陡峭的山坡（険しい坂）
□	端庄	duānzhuāng	端正で重々しい
□	短视	duǎnshì	見識が浅い
E □	婀娜	ēnuó	（女性が）しなやかで美しい
F □	烦心	fánxīn	悩ましい
			▶烦心事儿（心配事）
□	烦躁	fánzào	いらいらする
□	纷繁	fēnfán	入り組んでいる
			▶纷繁的人生（波乱に富んだ人生）
□	丰盛	fēngshèng	盛りだくさんである
G □	尴尬	gāngà	ばつが悪い
□	刚性	gāngxìng	強固な，融通がきかない
□	耿直	gěngzhí	（性格が）まっすぐである
□	孤单	gūdān	孤独である
□	孤僻	gūpì	性格がひねくれている
□	古怪	gǔguài	変わっている，風変わりである
□	光鲜	guāngxiān	あでやかである
□	过度	guòdù	過度である
□	过瘾	guòyǐn	堪能する
H □	含糊	hánhu	いいかげんである
□	寒酸	hánsuān	貧乏たらしい
□	黑乎乎	hēihūhū	真っ暗である
□	轰轰烈烈	hōnghōnglièliè	規模が雄大で勢いがすさまじい

	红	hóng	人気がある
			▶红极一时的明星（一時人気を極めたスター）
	红火	hónghuo	盛んである
			▶越办越红火（やるほどに繁盛する）
	宏伟	hóngwěi	雄大である
	糊涂	hútu	わけがわからない
	划不来	huábulái	割に合わない
	欢快	huānkuài	軽快である
	灰溜溜	huīliūliū	しおれている
	辉煌	huīhuáng	輝かしい
	昏沉	hūnchén	ぼんやりしている
	火辣辣	huǒlàlà	火のように熱い
			▶火辣辣的阳光（じりじり照りつける陽光）
J	简陋	jiǎnlòu	（建物などが）粗末である
	僵硬	jiāngyìng	硬直している
	焦虑	jiāolǜ	あれこれと気をもむ
	焦灼	jiāozhuó	心配する
	侥幸	jiǎoxìng	僥倖である
	结实	jiēshi	丈夫である
	矜持	jīnchí	緊張している
	紧巴巴	jǐnbābā	（生活が）ぎりぎりである
	经济实惠	jīngjì shíhuì	経済的で実益がある
	惊奇	jīngqí	驚き不思議がる
	精湛	jīngzhàn	（演技などに）深みがある
	精致	jīngzhì	（細工などが）手が込んでいる
	沮丧	jǔsàng	がっかりする
	倔强	juéjiàng	強情である
K	慷慨	kāngkǎi	気前がよい
	可观	kěguān	相当なものである
	枯燥	kūzào	味気ない
	快捷	kuàijié	速い，敏捷である
	宽裕	kuānyù	豊かである
	匮乏	kuìfá	欠乏する
			▶食物匮乏（食料が欠乏する）
	愧疚	kuìjiù	恥じ入る

□	困倦	kùnjuàn	だるくて眠い
L □	褴褛	lánlǚ	（衣服が）ぼろである
□	懒惰	lǎnduò	怠惰である
□	老掉牙	lǎodiàoyá	時代遅れである
□	乐呵呵	lèhēhē	楽しそうである
□	冷冰冰	lěngbīngbīng	冷ややかである
□	冷落	lěngluò	閑散としている
□	廉洁	liánjié	高潔である
□	亮丽	liànglì	明るく美しい
□	辽阔	liáokuò	果てしなく広い
□	潦草	liáocǎo	（字の書き方が）ぞんざいである
□	灵敏	língmǐn	敏感である
			▶味觉灵敏（味覚が敏感である）
□	灵巧	língqiǎo	器用である
□	灵验	língyàn	効き目がある
□	绿油油	lǜyóuyóu	青くつやつやしている
M □	冒牌	màopái	偽の，偽ブランドの
□	冒失	màoshi	そそっかしい
□	蒙昧	méngmèi	愚かである
□	腼腆	miǎntiǎn	はにかむ
□	面熟	miànshú	顔に見覚えがある
□	渺小	miǎoxiǎo	ちっぽけである
□	明媚	míngmèi	美しい
□	模糊	móhu	ぼんやりしている
□	默契	mòqì	無言のうちに気持ちが相手に伝わる
N □	耐心	nàixīn	辛抱強い
□	难为情	nánwéiqíng	恥ずかしい
□	内疚	nèijiù	後ろめたい
□	内敛	nèiliǎn	控えめである
□	逆耳	nì'ěr	耳に痛い
			▶逆耳忠言（耳に痛い忠言）
□	嗫嚅	nièrú	口ごもっている
□	浓郁	nóngyù	濃厚である
			▶浓郁的花香（ふくよかな花の香）
□	暖烘烘	nuǎnhōnghōng	ぽかぽかと暖かい

P	□ 平庸	píngyōng	平凡である
			▶平庸无奇（平凡でなんの変哲もない）
	□ 凭空	píngkōng	なんの拠りどころもない
	□ 朴实	pǔshí	質素である
			▶朴实无华（質朴簡素）
Q	□ 齐全	qíquán	そろっている
	□ 崎岖	qíqū	でこぼこである
			▶崎岖的山路（でこぼこな山道）
	□ 起眼儿	qǐyǎnr	見てくれがよい
			▶最不起眼儿的地方（最も目立たないところ）
	□ 气派	qìpài	りっぱである
	□ 气盛	qìshèng	気が短い
	□ 恰当	qiàdàng	適当である
	□ 虔诚	qiánchéng	敬虔である
	□ 抢眼	qiǎngyǎn	人目をひく
	□ 亲近	qīnjìn	親しい
	□ 亲切	qīnqiè	心がこもっている
			▶亲切和善（心がこもっていてやさしい）
	□ 轻飘飘	qīngpiāopiāo	軽々しい
R	□ 任性	rènxìng	わがままである
S	□ 洒脱	sǎtuō	洒脱である，大らかである
	□ 扫兴	sǎoxìng	興覚めする
	□ 奢侈	shēchǐ	ぜいたくである
	□ 奢靡	shēmí	ぜいたく三昧である
	□ 深切	shēnqiè	深くて的確である
			▶深切地感悟（痛切に感じる）
	□ 神奇	shénqí	非常に不思議である
	□ 适合	shìhé	ちょうど合う
			▶适合自己的领域（自分に合った分野）
	□ 疏远	shūyuǎn	疎遠である
	□ 帅气	shuàiqi	格好がよい
T	□ 踏实	tāshi	（気持ちが）落ち着いている
	□ 贪杯	tānbēi	大酒飲みである
	□ 贪婪	tānlán	貪欲である
	□ 忐忑	tǎntè	気が気でない

□	调皮	tiáopí	いたずらである
□	贴心	tiēxīn	心が通い合っている
			▶贴心安排（心のこもった配慮）
□	颓废	tuífèi	退廃している
□	拖沓	tuōtà	（仕事が）だらだらしている
W	蜿蜒	wānyán	くねくねとしている
□	完好	wánhǎo	完全である
			▶完好无损（完全無欠）
□	完美	wánměi	完璧である
			▶完美无缺（完全無欠）
□	完善	wánshàn	完全である
□	惋惜	wǎnxī	同情する
□	婉转	wǎnzhuǎn	婉曲である
□	温馨	wēnxīn	温かい
□	稳重	wěnzhòng	穏健である
□	窝囊	wōnang	意気地がない
X	稀罕	xīhan	珍しい
□	稀奇	xīqí	珍しい
□	稀缺	xīquē	きわめて少ない
□	细腻	xìnì	念が入っている
□	细小	xìxiǎo	ささいな
□	细致	xìzhì	念が入っている，緻密である
□	鲜活	xiānhuó	活きがよい，生き生きしている
□	像样	xiàngyàng	人前に出せる
			▶像样的家具（見栄えのよい家具）
□	懈怠	xièdài	だらけている
□	辛苦	xīnkǔ	骨が折れる
□	欣慰	xīnwèi	満足に思う
□	羞愧	xiūkuì	恥ずかしい
Y	严谨	yánjǐn	謹厳である
□	眼巴巴	yǎnbābā	切に待ち望んでいる
□	洋洋洒洒	yángyángsǎsǎ	充実していて明快である
			▶洋洋洒洒地论述（流暢かつ明快に述べる）
□	耀眼	yàoyǎn	まぶしい
□	熠熠	yìyì	きらきら光っている

	□ 应届	yīngjiè	その年の
			▶应届毕业生（今年の卒業生，新卒）
	□ 优惠	yōuhuì	優遇した
			▶获得最大的优惠（最も優遇される）
	□ 迂腐	yūfǔ	時代遅れである
	□ 郁闷	yùmèn	気がふさぐ
Z	□ 造作	zàozuo	わざとらしい
	□ 扎实	zhāshi	着実である
	□ 湛蓝	zhànlán	真っ青である
			▶湛蓝的天（真っ青な空）
	□ 真切	zhēnqiè	痛切である
			▶真切地感觉到…（…を痛切に感じた）
	□ 真挚	zhēnzhì	真摯である，誠実である
	□ 正宗	zhèngzōng	正統の
	□ 执着	zhízhuó	執着する
	□ 中端	zhōngduān	中級の
	□ 中肯	zhòngkěn	的を射ている
	□ 专业	zhuānyè	専門的である
	□ 嘴严	zuǐyán	口が堅い
	□ 嘴硬	zuǐyìng	口がへらない，強情である

副詞

B	□ 毕竟	bìjìng	結局，つまり
	□ 不妨	bùfáng	…してもかまわない
	□ 不禁	bùjīn	思わず
			▶我不禁要问（わたしは思わず聞きたくなった）
C	□ 才	cái	それこそ…
			▶不堵车才怪（渋滞するに決まっている）
	□ 常年	chángnián	一年中
	□ 成心	chéngxīn	故意に
D	□ 但愿	dànyuàn	…であることを願う
	□ 动不动	dòngbudòng	ややもすれば
			▶动不动就哭（何かというとすぐ泣く）

F	□	反倒	fǎndào	かえって
G	□	赶忙	gǎnmáng	急いで
	□	姑且	gūqiě	しばらく
H	□	毫	háo	少しも
				▶毫不留情地指出（少しも容赦なく指摘する）
				▶毫不犹豫地选择…（まったく躊躇せず…を選ぶ）
	□	好歹	hǎodǎi	とにもかくにも
	□	何曾	hécéng	どうして…であろうか
	□	何尝	hécháng	どうして…であろうか
	□	何等	héděng	なんと
	□	截然	jiérán	はっきりと
	□	竟然	jìngrán	意外にも，なんと
K	□	口口声声	kǒukoushēngshēng	何度となく（言う）
L	□	略	lüè	わずかに，ちょっと
				▶略带羞耻地微笑着（少し恥ずかしげに微笑んでいる）
M	□	贸然	màorán	軽率に
	□	莫不	mòbù	…しないものはない
				▶莫不受其影响（その影響を受けないものはない）
	□	莫非	mòfēi	…ではないだろうか
O	□	偶尔	ǒu'ěr	たまに
Q	□	其实	qíshí	実は
	□	起码	qǐmǎ	少なくとも
	□	恰恰	qiàqià	ちょうど，まさしく
	□	悄悄	qiāoqiāo	ひっそりと
	□	全然	quánrán	すっかり
	□	却	què	…だが，しかし…
R	□	如数	rúshù	全額通り
				▶如数支付（耳をそろえて支払う）
S	□	势必	shìbì	きっと…するに違いない
	□	随即	suíjí	すぐさま
W	□	唯独	wéidú	ただ…だけ
	□	未必	wèibì	必ずしも…ではない
				▶未必合适（ふさわしいとは限らない）
	□	未曾	wèicéng	まだ…であったことがない

	□ 未经	wèijīng	まだ…していない
	□ 未免	wèimiǎn	…のきらいがある
	□ 无不	wúbù	…でないものはない
	□ 无从	wúcóng	…する方法がない
			▶无从下手（手を下すすべがない）
	□ 无可	wúkě	…するべきものがない
			▶无可比拟（たとえるべきものがない）
X	□ 相继	xiāngjì	相次いで
Y	□ 眼睁睁	yǎnzhēngzhēng	みすみす
	□ 一个劲儿	yígejìnr	ひたすら，一途に
			▶一个劲儿地摇头（しきりに首を振る）
	□ 一股脑儿	yìgǔnǎor	すっかり
	□ 一溜烟	yíliùyān	雲を霞と，一目散に
	□ 一时	yìshí	とっさに
	□ 一窝蜂	yìwōfēng	ハチの巣をつついたように
	□ 毅然	yìrán	毅然として
	□ 尤为	yóuwéi	特に
			▶在数学方面尤为突出（数学の方面で特に抜きん出ている）
	□ 源源	yuányuán	続々と
			▶源源不绝（続々と現れて絶え間がない）
Z	□ 至少	zhìshǎo	少なくとも
	□ 恣意	zìyì	勝手に

名詞

B	□ 把握	bǎwò	自信
			▶有把握（自信がある）
	□ 白领	báilǐng	ホワイトカラー
	□ 败笔	bàibǐ	（文章中などの）書き損なったところ
	□ 绊脚石	bànjiǎoshí	障害物
	□ 贝雷帽	bèiléimào	ベレー帽
	□ 悖论	bèilùn	矛盾する言い方
			▶北京人面临着难解的悖论（北京の人は相矛盾する解決が難しい議論に直面している）

□	便条	biàntiáo	書置き，メモ
□	标签	biāoqiān	ラベル
□	标志	biāozhì	標識，しるし
			▶当作标志（標識とする）

C

□	才智	cáizhì	才知
□	操守	cāoshǒu	品行
□	刹那	chànà	瞬間
□	尘世	chénshì	この世
□	陈规	chénguī	古いしきたり
□	晨曦	chénxī	朝日
□	成见	chéngjiàn	先入観
□	成就感	chéngjiùgǎn	達成感
			▶体会到成就感（達成感を持つ）
□	成因	chéngyīn	原因
□	丑话	chǒuhuà	（前もって言っておく）言いづらいことば
□	出息	chūxi	見込み
			▶有出息（見込みがある）
□	初始	chūshǐ	最初
□	粗粮	cūliáng	雑穀
□	存单	cúndān	預金証書

D

□	挡箭牌	dǎngjiànpái	隠れみの
□	导盲砖	dǎomángzhuān	点字ブロック
□	底气	dǐqì	自信
□	底线	dǐxiàn	最低ライン
□	电缆	diànlǎn	ケーブル
□	跌幅	diēfú	（価格などの）下落幅

E

□	恶语	èyǔ	悪口
□	儿时	érshí	子供のころ
□	耳边风	ěrbiānfēng	どこ吹く風

F

□	发烧友	fāshāoyǒu	熱烈なファン
□	方寸	fāngcùn	心
			▶方寸已乱（心はすでに乱れている）
□	方格	fānggé	格子縞，チェック
□	坊间	fāngjiān	市中，（市中の）書店
□	绯闻	fēiwén	男女関係のスキャンダル

□	分寸	fēncun	程合い
			▶有分寸（程合いがよい）
□	分界线	fēnjièxiàn	境界線
□	氛围	fēnwéi	雰囲気
□	丰收	fēngshōu	豊作
□	风波	fēngbō	騒ぎ
□	风尚	fēngshàng	流行
			▶成为一种风尚（ある種の流行となる）
□	辅料	fǔliào	補助的な食材
G	□ 功效	gōngxiào	効果
□	贡品	gòngpǐn	供物
□	骨气	gǔqì	気骨，気概
			▶做人要有骨气（人として気概を持たねばならない）
□	观感	guāngǎn	感想
			▶对…的观感（…についての感想）
□	官话	guānhuà	役人口調
□	归宿	guīsù	落ち着き先
□	闺蜜	guīmì	女性どうしの親友
□	国内生产总值	guónèi shēngchǎn zǒngzhí	国内総生産，GDP
□	过往	guòwǎng	以前
H	□ 寒冬腊月	hándōng làyuè	旧暦 12 月の厳寒の候
□	红人	hóngrén	人気者
□	鸿儒	hóngrú	大学者
□	护身符	hùshēnfú	お守り
□	环卫	huánwèi	環境衛生〔"环境卫生"の略〕
			▶环卫工人（清掃作業員）
□	慧眼	huìyǎn	慧眼
J	□ 机遇	jīyù	チャンス
□	机制	jīzhì	メカニズム
□	基因	jīyīn	遺伝子
□	激素	jīsù	ホルモン〔"荷尔蒙"ともいう〕
□	急性子	jíxìngzi	せっかちな人
□	疾苦	jíkǔ	悩みと苦しみ
□	荠菜	jìcài	ナズナ

☐	枷锁	jiāsuǒ	束縛
☐	架势	jiàshi	ポーズ
			▶摆架势（ポーズをとる）
☐	僵局	jiāngjú	膠着状態
☐	佼佼者	jiǎojiǎozhě	突出した人
☐	借口	jièkǒu	口実
			▶找借口（口実を探す）
☐	精英	jīngyīng	エリート
☐	绝症	juézhèng	不治の病
K ☐	楷模	kǎimó	手本
☐	克隆	kèlóng	クローン
☐	空挡	kōngdǎng	ニュートラルギア
☐	空头支票	kōngtóu zhīpiào	空手形
☐	口风	kǒufēng	口ぶり
☐	口头禅	kǒutóuchán	口癖
☐	快递	kuàidì	宅配便
☐	困境	kùnjìng	苦境
L ☐	蓝本	lánběn	原本，種本
☐	烂摊子	làntānzi	（がらくたを並べた露店→）手の打ちようがない状態
☐	老伯	lǎobó	おじさん
☐	老搭档	lǎodādàng	長年の相棒
☐	老古董	lǎogǔdǒng	頭の古い人
☐	老好人	lǎohǎorén	お人よし
☐	立足点	lìzúdiǎn	立脚点
☐	两下子	liǎngxiàzi	腕前
☐	邻里	línlǐ	隣近所
☐	陋习	lòuxí	悪い習わし
☐	旅游景点	lǚyóu jǐngdiǎn	観光名所
☐	轮椅	lúnyǐ	車椅子
			▶电动轮椅（電動車椅子）
☐	落汤鸡	luòtāngjī	ずぶ濡れ
			▶她被淋得像只落汤鸡（彼女は雨でずぶ濡れになった）
M ☐	马后炮	mǎhòupào	後の祭り

☐	眉目	méimu	（物事の）目鼻
☐	媒体	métǐ	メディア
☐	美味	měiwèi	おいしい食べ物
			▶美味佳肴（おいしい料理）
☐	面孔	miànkǒng	顔，顔ぶれ
☐	名堂	míngtang	いろいろな名目，成果
☐	末班车	mòbānchē	終電車
☐	陌生人	mòshēngrén	見知らぬ人
P ☐	泡面	pàomiàn	インスタントラーメン
☐	皮毛	pímáo	ものの表面
☐	僻巷	pìxiàng	人通りが少ない路地
☐	片刻	piànkè	少しの時間
☐	频率	pínlǜ	頻度
			▶使用频率（使用頻度）
☐	魄力	pòlì	迫力，気迫
			▶有魄力（気迫がある）
Q ☐	启示	qǐshì	啓発，啓示
☐	起跑线	qǐpǎoxiàn	スタートライン
☐	起色	qǐsè	進歩，好転
			▶有起色（進歩がある）
☐	起先	qǐxiān	初め
☐	汽车尾气	qìchē wěiqì	自動車の排気ガス
☐	契机	qìjī	契機，きっかけ
☐	潜能	qiánnéng	潜在能力
☐	潜台词	qiántáicí	言外の意味
☐	抢手货	qiǎngshǒuhuò	人気商品
☐	清香	qīngxiāng	清々しい香り
☐	情结	qíngjié	思い入れ
			▶情结激活（思い入れが募る）
☐	情意	qíngyì	愛情
			▶情意绵绵（連綿たる気持ち）
☐	渠道	qúdào	ルート
☐	取向	qǔxiàng	選択の方向
☐	圈套	quāntào	わな
☐	全职太太	quánzhí tàitai	専業主婦

語彙集

	□ 缺欠	quēqiàn	欠点
R	□ 热门	rèmén	人気のある分野
	□ 人次	réncì	延べ人数
	□ 人字拖鞋	rénzì tuōxié	ゴム草履
	□ 弱势群体	ruòshì qúntǐ	弱者層
S	□ 色泽	sèzé	色合い
	□ 沙尘	shāchén	砂ぼこり
	□ 奢望	shēwàng	過分の望み
	□ 社区	shèqū	地域共同体，コミュニティ
	□ 身影	shēnyǐng	人影
	□ 深情	shēnqíng	深い情
	□ 深宅大院	shēnzhái-dàyuàn	奥まった広壮な住宅
	□ 时效性	shíxiàoxìng	ある期間内だけ価値や効力がある
	□ 手臂	shǒubì	腕，助手
	□ 书呆子	shūdāizi	本の虫
	□ 书生气	shūshēngqì	書生気質
	□ 输家	shūjiā	負けた人
	□ 鼠标	shǔbiāo	（コンピューターの）マウス
	□ 水分	shuǐfèn	水増し部分
	□ 水泥	shuǐní	セメント
			▶水泥森林（コンクリートジャングル）
	□ 死对头	sǐduìtou	不倶戴天の敵
	□ 死胡同	sǐhútòng	袋小路
	□ 塑料袋	sùliàodài	ビニール袋，ポリ袋
	□ 缩影	suōyǐng	縮図
T	□ 摊点	tāndiǎn	露店や屋台が設けられる場所
	□ 套话	tàohuà	（あいさつなどの）決まり文句
	□ 替罪羊	tìzuìyáng	スケープゴート
	□ 天资	tiānzī	素質
			▶天资聪颖（生まれながらにして聡明である）
	□ 投影设备	tóuyǐng shèbèi	プロジェクター
	□ 脱口秀	tuōkǒuxiù	トークショー
W	□ 万金油	wànjīnyóu	何でも屋
	□ 万全之策	wànquánzhīcè	万全の策
	□ 文凭	wénpíng	卒業証書

□	文思	wénsī	文章を書く時の構想
□	蜗居	wōjū	狭苦しい家
□	乌纱帽	wūshāmào	（昔の文官がかぶった帽子→）役人の地位
□	雾霾	wùmái	スモッグ
X □	蹊径	xījìng	小道，手法
			▶另辟蹊径（新しい道を切り開く）
□	下马威	xiàmǎwēi	にらみをきかせること
□	现成饭	xiànchéngfàn	労せずして手に入れる利益
□	销路	xiāolù	販路
□	小儿科	xiǎo'érkē	つまらないこと，容易なこと
□	小九九	xiǎojiǔjiǔ	もくろみ
□	效应	xiàoyìng	効果，反応
□	写字楼	xiězìlóu	オフィスビル
□	心机	xīnjī	思案
			▶有心机（策略がある）
□	信心	xìnxīn	自信
			▶充满了信心（自信にあふれている）
□	逊色	xùnsè	遜色
			▶毫无逊色（少しも遜色がない）
Y □	颜色	yánsè	ひどい目
			▶给他颜色看看（あいつを一度こっぴどい目に遭わせてやる）
□	演艺界	yǎnyìjiè	芸能界
□	样子货	yàngzihuò	見かけ倒し
□	遥控器	yáokòngqì	リモコン
□	一锅粥	yìguōzhōu	めちゃくちゃである
□	益处	yìchù	よいところ
□	毅力	yìlì	意志の力，気迫
□	淫威	yínwēi	暴威
□	隐患	yǐnhuàn	隠れた危険
□	隐私	yǐnsī	プライバシー
			▶隐私权（プライバシーを守る権利)
□	盈利	yínglì	利潤
□	硬骨头	yìnggǔtou	気骨のある人
□	忧患	yōuhuàn	心配事と苦しみ

語彙集

☐	忧郁症	yōuyùzhèng	うつ病
☐	园地	yuándì	欄，コラム
☐	怨恨	yuànhèn	憎しみ，恨み
☐	韵味	yùnwèi	趣
Z ☐	载体	zàitǐ	運び手
			▶报纸是信息的载体（新聞は情報を伝えるものである）
☐	糟粕	zāopò	かす，残滓
☐	噪音	zàoyīn	騒音
☐	增幅	zēngfú	増加の幅
☐	招数	zhāoshù	策略
☐	肇事者	zhàoshìzhě	事件を引き起こした張本人
☐	折旧费	zhéjiùfèi	減価償却費
☐	真情实意	zhēnqíng shíyì	本心
☐	症结	zhēngjié	問題点
			▶找出症结所在（問題点を探し出す）
☐	职能	zhínéng	機能，役目
☐	中转站	zhōngzhuǎnzhàn	乗り換え駅
☐	终端	zhōngduān	端末
☐	终身	zhōngshēn	生涯，一生
☐	周折	zhōuzhé	紆余曲折
☐	主心骨	zhǔxīngǔ	頼りになる人
☐	装潢	zhuānghuáng	飾り付け
☐	踪影	zōngyǐng	跡形，形跡
			▶毫无踪影（跡形もない）
☐	族群	zúqún	同じ特徴をもつ集団

接続詞

☐	不然	bùrán	さもなければ
☐	从而	cóng'ér	…なので，それによって…
			▶森林能吸收大量水分，从而降低了洪水的风险（森林は大量の雨水を吸収することによって，洪水のリスクを軽減することができる）

	□ 何况	hékuàng	まして…は，なおさらである
	□ 借以	jièyǐ	それによって…する
	□ 况且	kuàngqiě	その上，まして
	□ 要不然	yàobùrán	さもなければ
	□ 以至	yǐzhì	…の結果になる

量詞

	□ 帮	bāng	仲間やグループを数える
	□ 起	qǐ	事故などを数える

呼応表現

B	□ 比…要…	bǐ… yào…	…より…である
			▶在公交车上坐一个小时会比干一个小时的体力活还要累（バスに1時間乗るのは肉体労働を1時間するより疲れる）
	□ 不仅…还…	bùjǐn… hái…	…だけでなく，…も…
			▶紧张的来源不仅由于车辆走走停停，人流上上下下，还在于人处于近距离的身体接触状态（緊張する原因は車が絶えず走ったり止まったりし，人が行き来することにあるだけでなく，人が近くにいて体が接触する状態にあることにもある）
D	□ 当…时	dāng… shí	…の時に
	□ 等…了，…	děng… le, …	…したら，…する
	□ 等…再…	děng… zài…	…してから，…する
			▶等把地里的农活儿忙完再做打算吧（畑の仕事が終わってからにしよう）
F	□ 非但…，反而…	fēidàn…, fǎn'ér…	…だけでなく，…も…
J	□ 即使…也…	jíshǐ… yě…	たとえ…であっても
			▶即使不录用我，也请您给我打个电话（たとえわたしを採用しないとしても，わたしに電話してください）

語彙集

	□ 既…也…	jì... yě...	…でもあり，…でもある	
	□ 尽管…然而…	jǐnguǎn... rán'ér...	…だけれど…	
L	□ 连…都	lián... dōu...	…さえも…	
			▶连饭都顾不上吃（食事すらかまわない）	
M	□ 每逢…总…	měi féng... zǒng...	…するたびに，いつも…	
N	□ 宁肯…，也…	nìngkěn..., yě...	たとえ…でも…	
			▶他宁肯放弃已有的成功，也要去开辟一个新领域（彼はすでに成し遂げた成功を捨ててでも，新たな領域を切り開こうとした）	
Q	□ 岂不是…吗？	qǐ bú shì...ma？	…ではないだろうか	
			▶岂不是一举多得吗？（一挙多得ではないだろうか）	
Y	□ 要…就…	yào... jiù...	…なら，…	
			▶你要想快乐，就要学会忘记（愉快でありたいなら，忘れることに長けなければならない）	
	□ 因…而…	yīn... ér...	…により…	
			▶因放弃而得到（捨てることにより得る）	
	□ 与其说…不如说…	yǔqí shuō... bùrú shuō...	…と言うより，むしろ…と言うべきである	
			▶与其说父母给孩子贡献了什么，不如说孩子的成长给了父母很多乐趣（親が子供に何かを与えたと言うより，子供の成長が親にたくさんの楽しみを与えたと言うべきである）	
	□ 由…组成	yóu... zǔchéng	…から構成される	
Z	□ 再…不过	zài... bú guò	これ以上…なことはない	
			▶再好不过（これに越したことはない）	
	□ 再也…不…	zài yě... bù...	もう…しない	
			▶那是很久以前的事了，详细情况我再也想不起来了（それはとても昔のことで，詳しいことはわたしはもう思い出せない）	
	□ 纵使…也…	zòngshǐ... yě...	たとえ…であっても	

新語・新義

□	机不离手	jī bù lí shǒu	スマホを手から離さない
□	鸡汤	jītāng	（チキンスープ→）心温まるもの
□	居高不下	jū gāo bú xià	（株価などが）高止まりで下がらない
□	啃老族	kěnlǎozú	成人しても親のすねをかじり続ける者
□	垃圾短信	lājī duǎnxìn	スパムメール
□	山寨	shānzhài	偽ブランド
□	上班族	shàngbānzú	サラリーマン
□	升级换代	shēngjí huàndài	バージョンアップ
□	网上授课	wǎngshàng shòukè	オンライン授業をする
□	网页	wǎngyè	ウェブサイト
□	信息爆炸	xìnxī bàozhà	情報過多
			▶信息爆炸的时代（情報過多の時代）
□	月光族	yuèguāngzú	毎月給料を使い果たしてしまう人
□	在线外卖	zàixiàn wàimài	オンライン宅配
□	在线答题	zàixiàn dátí	オンラインで解答する

語彙集

二次試験について

　一次試験合格者に対して二次試験が行なわれます。現在は原則としてオンラインで行なわれており，所要時間は10〜15分となっています。

　準1級の二次試験の流れは以下の通りです。

1. **自己紹介：中国語での簡単な自己紹介（採点対象外）**

2. **コミュニケーション能力：面接官との日常会話（2問）**
   面接官が中国語で質問し，受験者は中国語で答えます。面接官が受験者の答えに対してさらに中国語で質問し，受験者は中国語で答えます。（同様の要領でもう1問行ないます。）

3. **訳す力：口頭での中文日訳・日文中訳（各2問）**
   面接官が中国語と日本語の文章を読み上げ，受験者はそれぞれ日本語と中国語に訳します。（同様の要領で各2問行ないます。）

4. **表現する力：指定されたテーマについて1〜2分のスピーチ**
   面接官が3つのテーマが書かれたカードを示します。受験者はテーマを1つ選び，スピーチの内容を考えます。（考える時間は1分ほどで，メモをとってもかまいません。）
   その後，面接官が「スピーチ開始」の合図をします。受験者は自分でテーマを告げて，中国語でスピーチを始めます。（スピーチの時間は1〜2分で，1分経過後に試験官が合図をします。2分を過ぎた場合は途中であっても中止します。）

2のコミュニケーション能力を測る際には，"你学汉语多长时间了？"や"你觉得准一级的笔试难不难？"のようなごく基本的なことが質問されますから，落ち着いて答えるようにしましょう。

　3の訳す力を測る中文日訳の問題では，"只要努力，就一定能实现梦想。"（努力しさえすれば，きっと夢を実現できる）や"最好不要到公共场所去，以免传染流感。"（インフルエンザにかからないように，公共の場所へ行かないほうがいい）のような複文や接続詞を用いた文が出題されますから，2級程度の文法事項をしっかりと学んでおく必要があります。
　日文中訳の問題は「高すぎます。もう少し安くなりませんか？」（"太贵了，能不能便宜一点儿？"）や「彼は一言も話しませんでした。」（"他连一句话都没说。"）のような常用の会話文や強調表現などが主に出題されますから，よく使われる2級程度の会話表現や文法事項を押さえておくことが必要です。

　4の表現する力を測るスピーチのテーマは，"我的爱好"（わたしの趣味）や"我最喜欢的中餐厅"（わたしのお気に入りの中華料理店）など答えやすいものが出題されます。自分の身の回りのものごとについて流暢に表現できるようにしておくとよいでしょう。

　以上の口頭試験により，発音・イントネーションおよび語彙・文法の運用能力が総合的に判定されます。

著者紹介
本間史（ほんま ふしと）
横浜国立大学卒業。翻訳家、中国語講師。おもな著書に『すっきりわか
る中国語の基本文法』『真剣に学び続ける人の中国語教本【入門編】』（以
上アルク）、訳書に『戦後日本哲学思想概論』（農文協）などがある。

李錚強（り そうきょう）
中国東北師範大学外国語学部卒業。吉林大学大学院政治学研究科修士課
程修了。1997年来日。現在、共立女子大学国際学部教授。

中国語検定対策準1級問題集

2024 年 5 月 10 日　印刷
2024 年 6 月 5 日　発行

著　者 ©　本　　間　　史
　　　　　李　　錚　　強
発行者　　岩　堀　雅　己
印刷所　　倉敷印刷株式会社

101-0052 東京都千代田区神田小川町 3 の 24
電話 03-3291-7811（営業部）, 7821（編集部）　株式会社　白水社
発行所　www.hakusuisha.co.jp
乱丁・落丁本は送料小社負担にてお取り替えいたします。

振替 00190-5-33228　　　Printed in Japan　　　誠製本株式会社

ISBN 978-4-560-09965-0